누구나
한번쯤
읽어야할
삼국유사

누구나 한번쯤
읽어야 할 삼국유사

개정1판 1쇄 인쇄 2024년 05월 30일
개정1판 1쇄 발행 2024년 06월 05일

엮은이 | 미리내공방
펴낸이 | 최윤하
펴낸곳 | 정민미디어
주　　소 | (151-834) 서울시 관악구 행운동 1666-45, F
전　　화 | 02-888-0991
팩　　스 | 02-871-0995
이메일 | pceo@daum.net
홈페이지 | www.hyuneum.com
편　　집 | 미토스
표지디자인 | 강희연
본문디자인 | 디자인 [연;우]

ISBN 979-11-91669-67-1 (03190)

삶을 일깨우는 고전산책 시리즈 08

누구나 한번쯤 읽어야 할 삼국유사

미리내공방 편저

읽으면 힘을 얻고
깨달음을 주는 지혜의 고전

정민 미디어

머리말

《삼국유사(三國遺事)》는 고려 충렬왕 때의 승려이자 학자인 보각국사(普覺國師) 일연(一然, 1206-1289)이 집필한 사서(史書)로, 김부식(金富軾)의 《삼국사기(三國史記)》와 함께 우리 고대사를 확인시켜주는 중요한 역사 보고(寶庫)다. 《삼국사기》가 정사(正史)로서 정제된 데 비하여 《삼국유사》는 승려 개인이 기록한 야사(野史)이다 보니 역사서로서의 체제나 문체가 《삼국사기》에 비해 다소 거친 느낌이 드는 것도 사실이나, 《삼국사기》에서 찾아볼 수 없는 고대 사료를 많이 담고 있는 만큼 그 가치가 크다 하겠다.

《삼국유사》는 《삼국사기》와 마찬가지로 고구려·백제·신라 삼국의 역사를 중점 기록했는데, 그 외 고조선·기자조선·위만조선·가락 등의 역사도 다루고 있다. 또한 단군신화를 비롯하여 많은 신화와 전설을 수록하고 있어서 설화(說話)문학의 보고라 할 만하다. 특히 가장 오래된 정형시가(定型詩歌)인 향가(鄕歌) 14수가 실려 있기에 국문학사에서 대단히 귀중한 가치를 지닌다.

일연이 최초로 쓴《삼국유사》원본은 오늘날 전해지지 않는데, 현재까지 전해진 가장 오래된 것은 조선 중종(1512년) 때 경주부윤 이계복(李繼福)에 의해 중간(重刊)된 정덕본(正德本)이다.

《삼국유사》는 모두 5권으로 구성되어 있다. 각 권의 주된 내용은 다음과 같다.

〈제1권〉

왕력王曆 제1 | 고구려·백제·신라·가락 및 후삼국의 연대표.

기이紀異 제1 | 고조선 이하 삼한·부여·고구려 및 삼국통일 이전 신라의 유사(遺事). 참고로, '기이'란 이상한 일을 기록한다는 뜻이다.

〈제2권〉

기이紀異 제2 | 신라 문무왕(文武王) 이후 통일신라 시대 및 백제·후백제·가락국의 유사. 특히 이 장에는 단군신화를 비롯한 건국신화와 삼국의 여러 왕에 대한 기이한 이야기가 담겨 있다.

〈제3권〉

흥법興法 제3 | 불법(佛法)을 일으킨다는 뜻으로, 삼국에 불교가 어떻게 전래되었는지 기록하고 있다.

탑상塔像 제4 | 사찰, 탑, 불상, 종 등에 얽힌 이야기를 기록하였다.

〈제4권〉

의해義解 제5 | 부처님의 가르침을 풀이한다는 뜻으로, 훌륭한 고승(高僧)들의 행적을 기록하고 있다.

〈제5권〉

신주神呪 제6 | 신통한 주술을 가진 기이한 승려들의 이야기를 기록하였다.

감통感通 제7 | 부처님께 감응하여 통한다는 뜻으로, 일반 백성이나 불자들이 부처님과 영적으로 만나는 일 등의 기록이다.

피은避隱 제8 | 세속을 피해 은둔하며 살았던 사람들의 행적을 담고 있다.

효선孝善 제9 | 효와 선을 행한 사람들의 미담을 기록하고 있다.

《삼국유사》에는 신화적인 요소가 많다. 기이한 인물과 기행의 사건이 많다 보니 자칫 허황된 이야기의 나열로 폄훼될 소지도 있다. 하지만 이러한 점은 저자 일연의 신분이 승려이고, 불교는 윤회사상이 그 정신의 근간을 이루고 있다는 사실을 감안할 때 얼마든지 맥락적으로 이해할 수 있는 부분이다. 따라서 기인이나 기행의 이야기를 리얼리티 시각으로 따지거나 외피만 보지 말고, 그 뒤에 숨은 의미를 파악하는 데 주력한다면 매우 재미있는 하나의 고전 인문서가 될 것이다.

일연은 여러 이야기를 풀어가면서 심심찮게 자기 견해를 주석으로 덧붙였다. 이 책에서도 필요한 부분에는 일연의 주석을 그대로 달았으니 참고하길 바란다. 본문 중 '우리 태조'는 왕건을 가리키는 것인데, 이는 일연이 고려 사람으로서 집필했기 때문에 생긴 표현이다. 이 역시 원전의 맛을 살리기 위해 그대로 사용했다.

이 책을 통해《삼국유사》를 한번 정리하고 향후 각종 사서로 관심을 확장한다면 더 바랄 나위가 없겠다. 급변하는 현실 속에서 앞만 보고 달려가는 이들에게, 특히 실제적 비전으로 꿈을 이뤄 나아갈 청소년들에게 우리 민족의 정체성 확인과 더불어 인생을 살아가는 데 신화적 영감을 주는 이 책의 일독을 권한다.

미리내공방

三國遺事

차 례

**나라를 세우고
기틀을 다진
사람들의 이야기**

三國遺事 1

기이한 이야기의 주인공들

三
國
遺
事

1

나라를 세우고 기틀을 다진
사람들의 이야기

고조선을 연
단군왕검

아득한 옛날, 하늘나라를 다스리는 환인에게는 환웅이라는 서자가 있었다. 그는 낮이고 밤이고 지상을 내려다보면서 인간 세상을 다스리고자 하는 욕망에 휩싸여 있었다.

_권 1 기이 1, 고조선(古朝鮮) 왕검조선(王儉朝鮮)

아득한 옛날, 환인(桓因)이 하늘 세계를 다스리던 때였다. 환인에게는 환웅(桓雄)이라는 서자(庶子)가 있었는데, 그는 낮이고 밤이고 지상을 내려다보면서 인간 세상을 다스리고자 하는 욕망에 휩싸여 있었다.

어느 날, 비로소 환인은 아들의 그러한 마음을 알아챘다. 그는 지상 세계를 굽어보았다. 아름답게 펼쳐진 산하와 넓은 들판을 보며 그는 생각했다.

'저런 땅이라면 널리 인간을 다스려 이롭게 할 근거지로 딱 좋겠구나.'

환인은 아들을 불러들였다.

"지상으로 내려가면 정녕 인간들을 잘 다스릴 수 있겠느냐?"

"예, 꼭 행복한 낙원으로 만들겠습니다."

아들의 말을 믿고 환인은 환웅을 지상으로 내려가게 해주었다. 그때 환인은 아들에게 천부인(天符印) 세 개를 주었다. 천부인이란 일종의 상징물로, 거느리고 내려간 부하 신들을 비롯하여 세상을 뜻대로 다스릴 수 있는 징표였다.

환웅은 하늘나라에서 3천 명의 부하를 이끌고 맨 처음 태백산 꼭대기에 있는 신단수 아래로 내려왔다. 그는 그곳을 세상을 다스릴 근거지로 삼은 다음 '신시(神市)'라 불렀다.

신시를 연 환웅은 바람의 신, 비의 신, 구름의 신을 거느리고 농사와 생명, 질병, 형벌, 선악 등 인간 세상에서 벌어지는 360여 가지의 일을 주관하며 다스려 나아갔다.

이 무렵, 어느 동굴에 곰 한 마리와 호랑이 한 마리가 함께 살고 있었다. 곰과 호랑이는 매일 환웅을 찾아와 사람이 되게 해달라 빌었다. 환웅은 그 정성을 갸륵히 여겨 신령스러운 쑥 한 줌과 마늘 스무 개를 주며 말했다.

"동굴 안에서 이것을 먹으며 지내도록 하거라. 백 일 동안 햇빛을 보지 않고 견뎌낸다면 너희 소원대로 사람이 될 것이다."

곰과 호랑이는 쑥과 마늘을 먹으며 동굴생활을 시작했다. 그러나 호랑이는 스무하루 되던 날, 더 이상 참지 못하고 동굴 밖으로 뛰쳐나가 사람이 되지 못했다. 하지만 곰은 환웅의 말을 믿고 끝까지 버텨 마침내 사람으로 거듭났다. 곰에서 여인의 몸으로 태어났으니 웅녀(熊女)라 했다.

시간이 지나자 웅녀는 또 다른 욕망을 느꼈다. 아기를 갖고 싶었던 것이다. 그러나 웅녀는 짝을 찾지 못해 또다시 매일 신단수 아래에서 빌었다.

"부디 제가 아이를 갖도록 도와주십시오."

이를 지켜보던 환웅은 애틋한 마음에 잠시 사람의 몸으로 변신하여 웅녀와 혼인했다. 그 뒤 웅녀는 아들을 낳았다. 그 아들이 바로 단군왕검(檀君王儉)이다.

단군은 성장하여 나라를 열었다. 평양성(平壤城)을 도읍으로 정하고 국호를 조선이라 하니, 단군조선 곧 고조선이다.

그 뒤 단군은 백악산(白岳山) 아사달(阿斯達)로 도읍을 옮겼다. 이곳은 궁홀산(弓忽山) 혹은 금미달(今彌達)이라고 했다. 단군은 이곳에서 1500년간 나라를 다스렸다.

나라의 기틀이 잡히자 단군은 왕위에서 물러나 잠시 황해도 구월산으로 옮겨갔다가 다시 아사달로 돌아와 산신(山神)이 되었는데, 그때에도 끊임없이 백성들을 보살폈다. 이때 단군의 나이는 1908세였다고 한다.

북부여의 해모수와
동부여의 금와

하늘에서 다섯 마리의 용이 이끄는 오룡거를 탄 천제가 내려오고 있었다. 그는 스스로 해모수라 부르며 북부여의 왕이 되었다. 돌 밑에서 나온 금빛 개구리 형상의 금와는 훗날 동부여의 두 번째 왕이 되었다.

_권 1 기이 1, 북부여(東扶餘) 및 동부여(東扶餘)

기원전 58년 4월 8일, 맑은 하늘에서 갑자기 신비로운 음악 소리가 들려왔다. 사람들은 이상하다는 눈빛으로 하늘을 쳐다보았다.

"저기 용이 끄는 수레가 내려오고 있다!"

하늘에서는 정말로 다섯 마리의 용이 이끄는 오룡거(五龍車)를 탄 천제(天帝)가 내려오고 있었다. 이윽고 땅에 내려온 천제가 말했다.

"나는 천제의 아들 해모수(解慕漱)이다. 지금부터 이곳에 도읍을 정하고 나라를 다스릴 것이다."

해모수는 나라 이름을 북부여로 정하고 나라 시조가 되었다.

훗날 해모수는 아들 해부루(解夫婁)를 낳았다.

어느 날, 해모수는 홀연히 하늘로 사라지더니 다시는 나타나지 않았다. 그러자 북부여의 대신들은 태자 해부루를 받들어 왕으로 섬겼다.

해부루는 여러 해가 지나도록 아들을 낳지 못했다. 그래서 늘 시름에 잠겨 지냈는데, 하루는 아란불(阿蘭弗)이라는 대신이 꿈을 꾸었다. 아란불은 꿈속에서 천제에게 이런 말을 들었다.

"장차 내 자손으로 하여금 이곳에 나라를 세우도록 할 것이다. 그러니 너희들은 다른 곳으로 옮겨 가도록 하라. 동해 바닷가에 가섭원(迦葉原)이라는 곳이 있는데, 그곳의 땅이 기름지니 왕도를 세울 만할 것이다."

이튿날 아란불은 해부루에게 꿈 이야기를 고했다.

꿈 이야기를 믿은 해부루는 맑은 날을 택해 가섭원으로 도읍을 옮기고, 나라 이름을 동부여로 바꾸었다.

도읍을 옮긴 뒤에도 여전히 자식이 생기지 않았으므로 해부루의 근심은 사그라지지 않았다. 해부루는 궁리 끝에 천지신명께 성대한 제사를 올리기로 마음먹고 대신들에게 제사 준비를 명했다.

마침내 제삿날이 되었다. 해부루는 간절한 마음으로 하늘에 빌었다.

"천제이시여, 자식 하나만 내려주시기를 간절히 소원합니다."

오랜 시간 경건하게 제사를 지내고 돌아오는 길이었다. 해부루가 탄 말이 앞에 놓인 큰 돌을 보더니 갑자기 앞발을 치켜들며 울부짖었다. 그러고는 고개를 숙인 채 도무지 앞으로 나아가려 하지 않았다. 해부루가 병사들에게 명했다.

"아무래도 저 돌이 예사롭지 않구나. 돌을 길옆으로 치우라."

몇몇 병사가 다가가 돌을 들어 올리고는 깜짝 놀랐다. 돌 밑에는 웬 갓난아이 하나가 있었기 때문이다. 아이는 기이하게도 금빛의 개구리 형상을 하고 있었다. 해부루가 크게 기뻐하며 말했다.

"저 아이는 필시 하늘이 내게 내리신 것이다!"

해부루는 아이를 거두어 길렀다. 아이의 이름을 금와(金蛙)라고 했는데, 이는 금빛 개구리라는 뜻이다. 세월이 흘러 장성하자 해부루는 아이를 태자로 삼았다.

몇 년 뒤, 해부루가 세상을 떠나자 금와가 대를 이어 동부여의 두 번째 왕이 되었다.

이후 금와의 맏아들 대소(帶素) 태자가 세 번째 왕이 되었다. 훗날 동부여는 고구려의 왕 무휼에게 정복당했다.

알에서 태어난
동명성왕

유화부인이 낳은 알을 마소가 있는 우리에 던져 넣어보았다. 그랬더
니 마소들은 알을 밟지 않고 옆으로 피해 다니는 것이 아닌가.

_권 1 기이 1, 고구려(高句麗)

고구려는 처음에 졸본부여(卒本扶餘)라고 불렸다. 졸본주
(卒本州)는 중국 요동 경계에 있는 땅이었다.

고구려의 시조 동명성왕(東明聖王). 그의 성은 고(高)씨이고, 이
름은 주몽(朱蒙)이다. 고주몽의 탄생과 고구려가 세워진 내력은
다음과 같다.

북부여의 왕 해부루는 가섭원으로 도읍을 옮긴 뒤 국호를 동부
여로 바꿨다. 해부루가 세상을 떠나자, 태자 금와가 왕위에 올랐다.

어느 날, 금와왕은 신하들을 거느리고 사냥을 나갔다. 그는 태
백산 남쪽의 우발수를 지나가다가 우연히 아름다운 젊은 여인과

마주쳤다. 여인의 자태가 범상치 않았으므로, 금와왕은 말에서 내려 다가가 물었다.

"여자의 몸으로 어찌 이 험한 산중에서 홀로 있는 것인가?"

금와왕의 물음에 여인은 고개를 숙이며 대답했다.

"저는 북부여 하백(河伯, 물의 신)의 딸 유화(柳花)라고 합니다. 어느 날, 제가 동생들과 함께 물 밖으로 나와 놀고 있는데, 웬 젊은 남자 한 사람이 다가오더니 자기가 천제의 아들 해모수라고 말하며 청혼을 해 왔어요. 그는 저를 꾀어 웅신산(熊神山, 백두산) 밑 압록강가의 어느 집으로 데려갔지요. 그는 그 집에서 저와 정을 통하고 홀연히 나가더니 지금까지 소식이 없습니다."

"그래서 그를 기다리고 있는 중인가?"

"아닙니다. 지금 제가 이 산중에 있는 것은 부모님이 저를 이곳으로 귀향 보냈기 때문입니다. 부모님은 혼인식도 올리지 않고 함부로 낯선 사내와 정을 통했다며 저를 크게 꾸짖으셨답니다."

유화의 사정을 들은 금와왕은 문득 이상한 느낌이 들었다. 그래서 그녀를 궁으로 데려와 거두었다.

금와왕은 유화를 궁 한구석의 으슥한 방에 거하도록 했다. 그런데 신기하게도 햇빛이 그녀를 따라다니며 그 어둑한 방을 비추었다. 더욱 기이한 것은 그 햇빛을 받아 유화가 아이를 갖게 되었다는 사실이다.

며칠 후, 그녀는 닷 되들이만 한 알 하나를 낳았다.

"참으로 괴이한 일이로다. 사람이 알을 낳다니……."

금와왕은 영 꺼림칙하여 그 알을 내버리라 명했다. 그런데 또 이상한 일이 벌어졌다. 신하들이 그 알을 개돼지가 있는 우리 안에 던졌는데, 개돼지들은 알을 건드리지 않았다. 그래서 알을 꺼내 마소가 있는 우리에 던져보았다. 마소들 또한 알을 밟지 않고 옆으로 피해 다녔다.

신하들은 다시 알을 꺼내 들판에 내버렸다. 그랬더니 이번에는 먼 곳에서 짐승들이 달려오고 하늘에서 새들이 내려와 털과 날개깃으로 알을 덮어주는 것이었다.

심히 이상하게 여긴 금와왕은 알을 다시 가져와 깨뜨리려 했으나 알은 깨지지도 않았다.

"진정 묘한 일이로구나. 이 알에는 필시 연유가 있는 듯하다."

금와왕은 유화에게 알을 돌려주었다. 그날부터 유화는 알을 부드러운 천으로 잘 감싼 뒤 따뜻한 곳에 놓아두었다.

며칠 뒤, 한 아기가 알껍데기를 깨고 나왔다. 아기는 외모가 수려할뿐더러 골격도 강건했는데, 한눈에 봐도 영특함이 넘쳤다.

아이는 무럭무럭 자라 일곱 살이 되었다. 그런데 그 아이는 여느 아이와 많이 달랐다. 스스로 활과 화살을 만들어 쏘아대곤 했는데, 거의 목표물을 꿰뚫었다.

三國遺事 —— 동명성왕

당시 동부여에서는 활 잘 쏘는 이를 가리켜 주몽이라 불렀는데, 금와왕을 비롯한 모든 사람이 그 아이를 주몽이라고 불렀다.

금와왕에게는 일곱 명의 왕자가 있었다. 왕자들은 언제나 주몽과 함께 활쏘기, 말타기, 사냥 등을 하며 어울렸다. 그들 중 누구도 주몽의 솜씨를 따라잡지 못했다. 그런 와중에 주몽의 재주를 시기한 장남이자 태자인 대소는 아버지 금와왕에게 아뢰었다.

"본시 주몽은 인간의 정기를 받고 태어난 녀석이 아닙니다. 그러므로 지금 어릴 때 없애버리지 않으면 반드시 후환이 있을 것입니다."

하지만 금와왕은 주몽을 죽이는 대신 말 기르는 일을 시켰다. 주몽은 생각했다.

'앞으로 내 신상에 좋지 않은 일이 벌어질 것 같구나. 미리 준비해두지 않으면 목숨이 위태롭겠어…….'

주몽은 우선 만일에 대비하여 품종이 좋은 말과 그렇지 못한 말을 구별해두었다. 그다음 튼튼한 말을 골라 일부러 먹이를 적게 주어 야위도록 만들었다. 그리고 종자가 시원찮은 말은 오히려 먹이를 많이 주어 살찌도록 했다. 당연히 금와왕은 겉보기에 살찐 말들만 골라 타고, 야윈 말은 주몽이 탔다.

그 무렵 태자 대소는 동생들과 신하들을 꾀어 주몽을 해칠 음모를 꾸몄다. 주몽의 어머니 유화부인은 그 낌새를 알아채고 은밀히 주몽을 불러 말했다.

"지금 왕자들과 왕궁 사람들이 너를 해치려고 안달이 나 있다. 너는 영특하고 총기가 있으니, 어디로 가든 큰 뜻을 펼칠 수 있을 게다. 그러니 속히 이곳을 떠나 화를 면하거라."

그때 주몽에게는 오이(烏伊)를 비롯한 충실한 부하가 셋 있었는데, 그들을 거느리고 북부여 땅을 탈출해 나왔다. 일부러 야위게 만든 말을 다시 잘 먹여 준마로 만든 다음, 그 말을 타고 궁을 빠져나왔음은 물론이다.

자신들의 계획이 탄로 났음을 알아챈 대소 일행은 주몽의 뒤를 쫓기 시작했다. 주몽 일행은 이미 멀리 달아났지만, 엄수라는 곳에 다다르자 난감해졌다. 시퍼런 강이 앞길을 가로막고 있었기 때문이다. 타고 갈 배도 눈에 띄지 않았다. 전전긍긍하며 시간을 허비하고 있을 때 대소 일행은 점점 거리를 좁혀 와 마침내 주몽의 시야에까지 들어왔다. 다급해진 주몽은 강물을 향해 큰 소리로 외쳤다.

"나는 천제의 아들이요, 물의 신 하백의 외손자이다. 지금 화를 피해 도주하고 있는 중인데, 나를 뒤쫓는 자들이 바로 앞까지 와 있으니 어찌하면 좋겠는가?"

주몽의 말이 채 끝나기도 전에 큰 물결이 일더니 강물 위로 수많은 물고기와 자라가 떠올라 다리를 만들어주었다.

주몽 일행은 그것들이 만들어준 다리를 밟고 강을 건넜다. 맞은편 강변에 닿자 물고기, 자라 들은 일시에 강물 속으로 사라졌다. 그 바람에 대소 일행은 강을 건너지 못했다. 뒤늦게 강 건너로 화살을 날렸으나 이미 닿을 수 없는 거리였다.

주몽은 기후가 따뜻하고 땅이 기름진 졸본주에 이르자 그곳을 도읍지로 삼아 정착했다. 그는 큰 제단을 만든 다음 하늘에 제를 올리고 나라를 세웠다. 국호를 처음에는 졸본부여라고 했다가 고구려로 바꿨다. 기원전 37년, 주몽이 열두 살 때(《삼국사기》에는 22세 때로 기록되어 있다)의 일이다.

주몽은 해모수의 아들로, 원래는 해(解)씨 성을 갖고 있었으나, 고구려를 세우면서 천제의 아들로서 햇빛을 받고 태어났다 하여 고(高)씨로 성을 바꿨다. 그가 바로 고구려의 시조 동명성왕이다. 훗날 고구려 전성기 때의 가옥 수는 21만 508호에 이르렀다.

신라 시조
혁거세왕

촌장들이 언덕에서 내려와 우물가로 달려가니 자줏빛 알 한 개가 있었다. 그런데 알을 지키고 있던 말은 사람이 다가오자 길게 한 번 울고는 하늘로 올라가버렸다. 그 알에서 아이가 태어나니, 이름을 혁거세라고 불렀다.

_권 1 기이 1, 신라 시조 혁거세왕(赫居世王)

옛날, 한반도의 중부 이남 지역에 삼한(三韓)이 자리 잡고 있을 때의 이야기이다.

당시 삼한은 아직 완전한 나라 형태를 갖추지 못했다. 진한(辰韓, 지금의 대구·경북 지방) 땅에는 여섯 개의 마을이 있었는데, 그 면모는 다음과 같다.

첫째, 알천에 양산촌이 있었다. 이곳의 촌장은 알평이었는데, 그는 하늘에서 표암봉으로 내려와 이곳을 근거로 급량부 이(李)씨의 조상이 되었다.

둘째, 돌산에 고허촌이 있었다. 이곳의 촌장은 소벌도리였는데,

그는 하늘에서 형산으로 내려와 이곳을 근거로 사량부 정(鄭)씨의 조상이 되었다.

셋째, 무산에 대수촌이 있었다. 이곳의 촌장은 구례마였는데, 그는 하늘에서 이산으로 내려와 이곳을 근거로 점량부 또는 모량부 손(孫)씨의 조상이 되었다.

넷째, 자산에 진지촌이 있었다. 이곳의 촌장은 지백호였는데, 그는 하늘에서 화산으로 내려와 이곳을 근거로 본피부 최(崔)씨의 조상이 되었다. 최치원이 바로 본피부 사람이다. 황룡사 남쪽의 미탄사 근처에 집터 하나가 있는데, 여기가 최치원의 옛집임이 분명하다.

다섯째, 금산에 가리촌이 있었다. 이곳의 촌장은 지타였는데, 그는 하늘에서 명활산으로 내려와 이곳을 근거로 한기부 배(裵)씨의 조상이 되었다.

여섯째, 명활산에 고야촌이 있었다. 이곳의 촌장은 호진이었는데, 그는 금강산에서 내려와 이곳을 근거로 습비부 설(薛)씨의 조상이 되었다.

이렇게 여섯 부(部)의 조상들은 모두 이름 있는 산을 근거지로 하여 6개 성(姓)씨의 조상이 되었다.

기원전 69년 3월 1일, 알평·소벌도리·구례마·지백호·지타·호진 등 여섯 부의 촌장들은 저마다 자제들을 거느리고 알천의 언덕 위에 모여 논의하였다.

"우리에게는 아직 왕이 없어 백성들을 제대로 다스릴 수가 없소. 그러므로 우리는 덕이 있고 어진 사람을 찾아 왕으로 삼아 나라를 다스리고, 번듯한 도읍도 정해야 하지 않겠소?"

"옳소! 반드시 그리해야 합니다."

촌장들은 그 자리에서 의견 일치를 보았다. 그때 하늘에서 갑자기 강한 빛이 번쩍했다. 이상히 여긴 촌장들은 높은 곳으로 올라가 남쪽을 내려다보았다. 그랬더니 멀리 양산 밑에 있는 나정(蘿井)이라는 우물가에 흡사 번개 빛 같은 강렬한 기운이 땅에 닿아 비추고 있었다. 가만히 보니 그 우물가에는 백마 한 마리가 땅에 꿇어앉아 절하는 형상을 하고 있었다.

촌장들은 급히 그 우물가로 달려갔다. 가까이 가서 보니 자줏빛 알 한 개가 있었다. 그런데 알을 지키고 있던 말은 사람들이 다가오자 길게 한 번 울고는 하늘로 올라가버렸다.

촌장들은 알을 깨어보았다. 그랬더니 알 속에서 사내아이 하나가 나왔다. 아이의 생김새는 단정하고 아름다웠다. 촌장들은 아이를 동천(경주 동천사에 있는 우물)으로 데려가 목욕을 시켰다. 그러자 몸에서 광채가 나고 새와 짐승이 몰려와 춤을 추었다. 또한 천지가 진동하고 해와 달이 더욱 청명하게 빛났다.

이것을 보고 촌장들은 아이의 이름을 혁거세(赫居世)라고 지었다. 그리고 성은 아이가 포(匏, 박을 뜻함) 같은 데서 나왔다 하여 박(朴)이라 했다.

"이제 하늘에서 천자(天子)가 내려오셨으니 마땅히 덕이 있는 왕후를 찾아 배필을 삼아야 할 것이요."

촌장들은 아이를 왕으로 삼고, 왕후를 고르기로 했다.

며칠 뒤, 사량리에 있는 알영정 주변에 계룡(鷄龍)이 나타나더니 왼쪽 옆구리로 여자아이 하나를 낳았다. 여자아이의 얼굴은 매우 고왔다. 다만, 아이의 입술이 닭의 부리를 닮아 보기 흉했다. 그래서 월성의 북천으로 데려가 목욕을 시켰다. 그랬더니 거짓말처럼 부리가 떨어지고 어여쁜 입술이 생겼다. 이후 그 개천을 부리가 빠졌다 하여 발천(撥川)이라고 했다. 또한 여자아이의 이름은 태어난 곳의 이름을 따 알영(閼英)이라고 지었다.

기원전 57년, 열일곱이 된 혁거세는 드디어 왕으로 추대되었고, 알영은 왕후가 되었다. 그리고 국호를 서라벌(徐羅伐)이라고 했다. 혹은 사라(斯羅), 사로(斯盧)라고도 했다.

처음에는 왕이 계정(鷄井)에서 출생했기 때문에 국호를 계림국(鷄林國)이라고도 했는데, 그것은 계림이 상서로움을 나타내는 말이었기 때문이다.

한편 다른 이야기로는 탈해왕 시대에 김알지(金閼智)를 얻게 될 때, 닭이 숲속에서 울었다 하여 국호를 계림으로 고쳤다고도 한다.

나라를 다스린 지 61년이 되던 어느 날, 혁거세왕은 홀연히 하늘로 올라갔다. 그런데 하늘로 올라간 뒤 7일 만에 왕의 유체가 흩어져 땅으로 떨어지더니 알영 왕후도 따라 세상을 떠났다.

서라벌 사람들은 그 흩어져 내린 왕의 유체를 한데 모아 장사를 지내려 했는데, 커다란 구렁이 한 마리가 나타나 사람들을 쫓아다니며 장사를 지내지 못하게 했다. 사람들은 어쩔 수 없이 흩어진 오체(五體)를 각기 장사 지냈다. 자연히 능도 다섯 개를 만들었는데, 이를 오릉(五陵)이라고 불렀다. 어떤 이는 구렁이와 관련된 능이므로 사릉(蛇陵)이라고 부르기도 했다.

신라가 정식 국호로 사용된 것은 제15대 기림왕, 서기 307년 때였다. 혹은 지증왕, 법흥왕 때라는 설도 있다.

신라 제4대 임금 탈해왕

용성국 왕자 탈해는 알에서 태어나 배에 실려 아진포 앞바다로 떠내려 왔다. 그는 신라 제3대 임금인 유리왕이 세상을 떠나자 서기 57년 6월 왕위에 올랐다. 처음에 궤짝을 열어서 알을 깨고 나왔기 때문에 탈해라고 불렸다.

_권 1 기이 1, 제4대 탈해왕(脫解王)

신라 제2대 남해왕 때의 일이다.

어느 날, 가락국 앞바다에 배 한 척이 와 닿았다. 그 나라 임금인 수로왕(首露王)은 신하들과 함께 나아가 북을 치며 배를 맞이했다. 수로왕은 그 배를 자기 나라에 머물러 있게 하려고 했다. 그러나 배는 뱃머리를 돌려 쏜살같이 달아나버렸다.

배는 신라 동쪽 하서지촌 아진포(阿珍浦) 앞바다에 이르렀다. 그러자 이상하게도 수많은 까치가 몰려와서 울었다.

아진포 앞바다에는 노파 하나가 있었는데, 그녀의 이름은 아진의선(阿珍義先)이었다. 그녀는 물고기를 잡아 혁거세왕에게 진상하던 고기잡이 할멈이었다.

그녀가 배를 바라보며 말했다.

"이 바다 가운데에는 원래 바위가 없는데 저 바위는 무엇이며, 또 웬 까치들이 난데없이 몰려와서 우는 게지?"

멀찌감치 떠 있는 배가 그녀의 눈에는 바위로 보였던 것이다. 마침내 배가 해안에 닿자 그녀는 비로소 바위가 아님을 깨닫고 가까이 다가가 배 안을 살폈다. 배 안에는 궤짝 하나가 있었다. 길이는 스무 자나 되고 넓이는 열세 자에 이르렀다. 까치들은 여전히 배 주변을 빙빙 돌며 울어댔다. 그 모습은 마치 즐겁게 춤추며 노래하는 것 같았다.

그녀는 궤짝을 열어보았다. 궤짝 안에는 잘생긴 사내아이가 누워 있었고, 또 일곱 가지 보물과 노비 두 사람도 있었다. 그 순간 까치들은 어디론가 날아가버렸다.

"당신들은 누구요?"

그녀는 깜짝 놀라 궤 안의 사람들에게 물었다. 그들이 대답을 하지 않자 집으로 데려가 일주일 동안 보살피며 대접해주니 비로소 사내아이가 입을 열었다.

"나는 본시 용성국(龍城國) 암달파왕(含達婆王)의 아들입니다."

용성국은 왜국(倭國, 완하국이라고도 함)의 동북쪽에서 1천 리나 떨어진 곳에 있는 나라였다.

"일찍이 우리나라에는 스물여덟 명의 용왕(龍王)이 있었는데, 모두 다 사람의 몸에서 났지요. 그들은 대여섯 살 때부터 왕위에 올라 백성들을 다스렸습니다."

사내아이는 향수에 젖은 듯 눈을 감았다가 이내 말을 이었다.

"그때 내 아버지이신 함달파왕은 적녀국(積女國)의 공주를 왕비로 맞이하였는데, 오래도록 아들이 생기지 않아 기도를 올렸더니 칠 년 만에 커다란 알 한 개를 낳았습니다. 바로 그 알에서 내가 태어났습니다."

아진의선은 아이의 말이 흥미로워 바싹 귀를 기울였다.

"하지만 아버지께서는 알을 낳은 것은 고금(古今)에 없는 일이며, 필시 좋은 일은 아니라며 궤를 만들어서 나와 하인들, 일곱 보물을 함께 넣어 배에 실은 다음 바다에 띄워 보냈던 것입니다. 아버지께서는 배를 띄우며, 인연 있는 곳에 닿는 대로 나라를 세우고 가문을 이루라 축원하셨습니다. 그러자 문득 붉은 용이 나타나 배를 호위했고 흘러흘러 여기까지 오게 된 것입니다."

말을 마친 아이가 노파에게 작별을 고했다.

"그동안 신세가 많았습니다. 이제 여기를 떠날 때가 된 것 같습니다."

"아니, 어디로 간단 말인가요?"

만류하려는 노파에게 아이가 공손히 말했다.

"어디든 내가 진정으로 머물 곳을 찾아야지요."

아이는 그 길로 토함산에 올라가 돌집을 지었다. 그러고는 이레 동안 머물면서 매일 성안에 살 만한 곳이 있는지를 살폈다.

어느 날, 초승달 모양으로 된 봉우리를 발견했는데 그 지형을 살펴보니 오래도록 살 만한 곳이었다. 아이는 산을 내려와 그곳으로 갔다.

그곳은 호공(瓠公)이라는 사람의 집이었다. 아이는 그 집을 차지하기 위해 계략을 하나 마련했다. 주인 몰래 숫돌과 숯을 그 집 주변에 묻어놓은 뒤, 이튿날 아침 그 집 문 앞으로 달려가 말했다.

"이곳은 우리 조상 때부터 살던 집입니다."

집주인 호공은 기가 막혀 말이 안 나왔다. 하지만 아이는 끝까지 자기 집이라고 우겼다. 결국 두 사람은 관가에 가서 시비를 가리기로 했다.

관가의 수령이 아이에게 물었다.

"그곳이 네 집이라는 사실을 무엇으로 증명하겠느냐?"

아이가 대답했다.

"우리 집은 대대로 대장간 일을 했습니다. 그런데 우리가 잠시 이웃 고을로 나가 사는 동안에 다른 사람이 들어와서 살았던 것입니다. 제 말이 의심스러우면 땅을 파서 조사해보세요. 그러면 금방 사실을 알 수 있을 것입니다."

관원들은 아이의 말대로 그 집 주변의 땅을 파보았다. 과연 그곳이 대장간 터였음을 증명할 숫돌과 숯이 나왔다. 마침내 아이는 호공의 집을 차지해 살게 되었다.

이 사실을 전해 들은 남해왕은 그 아이, 즉 탈해가 지혜가 있는 사람임을 알아채고 궁으로 불러들여 자신의 맏딸과 혼인시켰다. 사람들은 탈해와 결혼한 여자를 아니부인(阿尼夫人)이라고 불렀다.

하루는 탈해가 동악(東岳, 토함산)에 올랐다가 내려오는 길에 심한 갈증을 느꼈다. 그는 백의(白衣)라는 자를 시켜 물을 떠 오게 했다. 그런데 백의는 물을 떠 오면서 탈해가 마시기도 전에 먼저 입을 대고 물을 마셨다. 그러자 물그릇 한쪽이 입술에 붙어 영 떨어지지 않았다.

그 모습을 본 탈해는 백의를 심히 질책했다.

"이놈! 감히 주인보다 먼저 물을 마시다니? 그것은 하늘이 내린 벌이다."

탈해가 목소리를 높여 꾸짖자 백의는 진심으로 잘못을 뉘우치며 말했다.

"앞으로는 꼭 주인님에 대한 예의를 지키겠습니다."

그러자 입술에 붙은 물그릇이 비로소 떨어졌다. 그 뒤부터 백의는 탈해를 두려워하여 감히 속이지 못했다. 지금도 토함산에는 요내정(遙乃井)이라는 것이 있는데, 바로 그 우물이다.

신라 제3대 임금인 노례왕(유리왕이라고도 함)이 세상을 떠나자, 서기 57년 6월에 탈해가 왕위에 올랐다.

탈해는 과거 호공의 집을 자기 집이라고 하여 빼앗은 것에서 성을 석(昔, 옛 석)씨라고 했다. 다른 한편에서 전하는 말에 의하면, 까치로 말미암아 노파가 상자를 열었기 때문에 작(鵲, 까치 작)이라는 글자에서 새 조(鳥) 자를 떼어내고 석(昔)씨로 성을 삼았다고도 한다. 그리고 이름은 궤를 열어 알을 깨고 나왔다는 것에서 탈해(脫解)라고 불렀다.

신라 제4대 임금이 된 탈해왕은 왕위에 오른 지 23년 만인 서기 79년에 세상을 떠났다. 그때 소천(疏川)이라는 곳에서 장사를 지냈는데, 후일 그의 혼백이 나타나 "내 뼈를 조심해서 묻어라"라고 했다 한다.

그의 머리뼈 둘레는 3자 2치나 되었고, 몸 뼈 길이는 9자 7치, 그리고 치아는 서로 엉켜 하나가 된 듯하고, 뼈마디는 분해된 것이 아니라 살아 있을 때처럼 가지런히 이어져 있었다. 이것은 바로 천하에 둘도 없는 역사(力士)의 골격이었다.

훗날 그의 뼈대를 다시 부수어서 소상(塑像, 진흙으로 만든 사람의 형상)을 만들어 궁궐 안에 안치하자 다시 그의 혼백이 나타나 말하기를 "내 뼈를 동악에 안치해두어라"라고 했다. 그래서 다시 동악에 그를 묻었다.

신라 제3대 노례왕과 이사금의 기원

노례왕과 탈해는 각기 떡을 깨물어 잇자국이 생기도록 했다. 그것을 가지고 살펴보니 노례왕의 이가 더 많았다. 그리하여 노례왕이 먼저 왕위에 올랐다. 잇금, 이사금이라는 말은 여기서 비롯되었다.

_권 1 기이 1, 김알지(金閼智)·탈해왕대(脫解王代)

서기 24년 신라 제2대 임금인 남해왕이 세상을 떠나자, 뒤를 이어 신라 제3대 임금인 노례왕이 즉위했다.

원래 노례왕은 처음에 매부인 탈해에게 왕위를 물려주려고 했다. 그때 탈해는 이렇게 말했다.

"대개 덕이 높은 사람은 이의 수가 많다고 합니다. 그러니 서로 잇금을 가지고 시험해본 다음 왕위 이을 사람을 결정하지요."

노례왕은 그 말에도 일리가 있다 생각하고 탈해의 제안을 수용했다.

두 사람은 각기 떡을 깨물어 잇자국이 생기도록 했다. 그것을 가지고 살펴보니 노례왕의 이가 더 많았다.

"이것은 하늘이 정한 순리이니 따르도록 하십시오."

그리하여 노례왕이 먼저 왕위에 올랐다. 이 일로 인하여 그 후부터 신라에서는 왕을 잇금, 혹은 이사금(尼斯今, 尼師今)이라고 불렀다.

참고로 신라 시대 때 왕의 명칭은 자주 바뀌었는데 그 변천은 이러하다.

거서간(居西干) | 시조 박혁거세(朴赫居世) 때의 칭호.

차차웅(次次雄) | 제2대 남해왕 때의 칭호.

이사금(尼斯今) | 제3대 유리왕부터 제18대 실성왕 때까지의 칭호.

마립간(麻立干) | 제17대 내물왕부터 지증왕 때까지의 칭호(제7대 눌지왕 때부터 사용하였다는 기록도 있다).

경주 김씨의 시조
김알지

탈해왕 때 호공이 경주 거리를 걷다가 계림 쪽에서 밝은 빛을 내는 금궤 하나를 발견했다. 금궤 안에는 아이 하나가 들어 있었다. 아이가 금궤에서 나왔다 하여 성을 김씨로 붙였다. 그 아이는 경주 김씨의 시조가 되었다.

_권 1 기이 1, 김알지(金閼智)·탈해왕대(脫解王代)

신라 제4대 탈해왕 때의 일이다.

서기 60년 8월 4일 밤, 호공(瓠公)이 신라의 서울인 월성(月城, 경주의 옛 이름) 거리를 걷고 있었다.

호공은 원래 왜나라 사람이었는데, 처음에 우리나라에 귀화할 때 표주박(瓠, 표주박 호)을 허리에 차고 들어왔다 하여 붙여진 이름이다. 그는 혁거세왕 때부터 신임을 얻어 높은 관직에 머물면서 큰 권세를 누리고 있었다.

한참을 걷고 있는데, 갑자기 시림(始林) 쪽에서 크고 밝은 빛이 번쩍거렸다.

"참으로 괴이한 일이구나!"

호공은 너무나 선명한 빛에 놀라며 중얼거렸다. 그는 그 기이한 빛이 궁금하여 시림 쪽으로 걸음을 옮겼다. 가까이 가서 보니 참으로 해괴한 일이 벌어져 있었다.

자줏빛 구름이 하늘에서 땅에까지 뻗쳐 있고, 그 구름 속으로 황금 궤짝 하나가 나뭇가지에 걸려 있는 게 보였다. 멀리서 보았던 밝은 빛은 바로 그 궤짝 안에서 나오는 것이었다. 나뭇가지에 걸린 궤짝 밑에서는 흰 닭 한 마리가 울고 있었다.

'이것은 예사로운 일이 아니다!'

이튿날 아침, 호공은 입궁하여 탈해왕에게 고했다. 이야기를 들은 탈해왕은 친히 시림으로 행차했다. 가보니 정말 금빛 찬란한 궤짝 하나가 나뭇가지에 대롱대롱 매달려 있는 것이 아닌가.

탈해왕은 그 궤짝을 조심스레 내리게 한 뒤 뚜껑을 열라 명했다. 궤짝이 열리자 안에 누워 있던 사내아이 하나가 스스로 몸을 일으키더니 앉았다.

이는 혁거세의 신화와 매우 흡사했다. 그래서 혁거세가 최후로 했던 말인 '알지거서간((閼智居西干, 한 번 일어나다)'에서 이름을 따와 아이의 이름을 알지라고 붙였다. 알지란 어린아이를 뜻하는 말이었다. 그리고 아이가 금궤에서 나왔다 하여 성을 김(金)씨로 붙였다. 이 아이는 경주 김씨의 시조가 되었다.

三國遺事 — 김알지

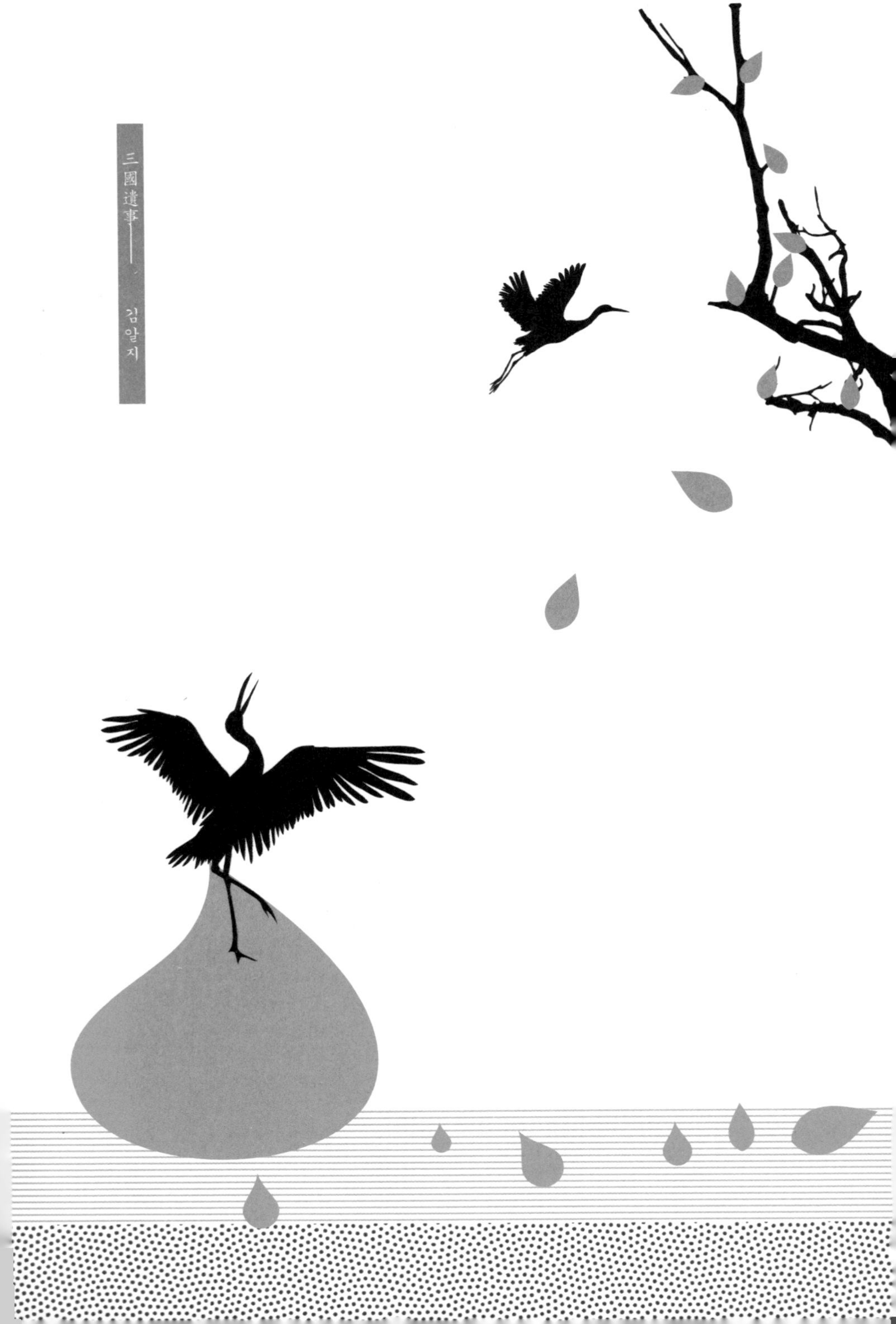

탈해왕이 아이를 안고 궁으로 돌아오니, 새와 짐승들이 몰려와 기뻐하면서 춤을 추고 노래를 불렀다.

알지를 무척 사랑한 탈해왕은 길일을 택하여 그를 태자로 책봉했다. 그러나 알지는 왕위를 파사왕(婆娑王, 유리왕의 둘째 아들)에게 물려주었다.

김알지는 비록 왕위에 오르지 않았으나 그의 자손들은 대대로 높은 벼슬에 올라 명성을 얻었다. 알지는 열한(熱漢)을 낳았고, 열한은 아도(阿都)를 낳았으며, 아도는 수류(首留)를, 수류는 욱부(郁部)를, 욱부는 구도(俱道)를, 구도는 미추(未鄒)를 낳았다.

김알지의 7대손인 미추는 신라 제13대 왕이 되었다.

지금 세상에서는 미추왕의 능을 시조당(始祖堂)이라고도 하는데, 이는 미추왕이 김씨로서 제일 처음으로 왕위에 올랐기 때문이다. 훗날 모든 김씨 성을 가진 왕들은 미추왕을 시조로 여겼다.

미추왕과
죽엽군

유례왕 때 이서국 사람들이 경주로 쳐들어왔다. 그들의 힘이 너무 막강하여 신라군의 힘으로는 막을 수 없었다. 그때 어디선가 군사 한 무리가 나타나 신라군을 도왔다. 그런데 가만히 보니 그 정체불명의 군사들은 하나같이 귀에 댓잎을 꽂고 있었다.

_권 2 기이 2, 미추왕(未鄒王)과 죽엽군(竹葉軍)

신라 제14대 유례왕(儒禮王) 때의 일이다.

제13대 미추왕은 김알지의 7대손으로, 덕이 높고 현명하여 첨해왕(沾解王)의 자리를 이어받아 비로소 왕위에 올랐다. 미추왕은 왕위에 오른 지 23년 만에 세상을 떠났고, 그의 능은 흥륜사(옛 경주에 있던 절)의 동쪽에 마련되었다.

미추왕의 뒤를 이은 유례왕 때, 이서국(伊西國) 사람들이 금성(金城, 경주의 옛 이름)을 공격해 들어왔다. 이서국은 신라 초기 때 현재 경상북도 청도군에 위치한 작은 나라였다.

신라는 이들을 막으려고 병사를 동원했다. 그러나 이서국 병사들이 워낙 강해 제대로 방어할 수 없었다. 시간이 흐를수록 전세는 신라에 불리해졌다.

그때 어디선가 군사 한 무리가 나타나 신라군을 도왔다.

"아니, 저 군사들을 누가 보냈지?"

신라군은 갑작스런 군사들의 출현에 눈이 휘둥그레졌다. 지원군이 온다는 소식을 받지 못한 터여서 의아했던 것이다. 가만히 보니 그 정체불명의 군사들은 하나같이 귀에 댓잎을 꽂고 있었다.

결국 신라군은 그들의 도움으로 적을 섬멸하였다. 싸움이 끝나자 댓잎 군사들은 나타났을 때처럼 어디론가 홀연히 사라졌다. 다만, 주위를 살펴보니 미추왕의 능 앞에 대나무의 잎사귀만 수북이 쌓여 있을 뿐이었다.

신라군은 그제야 자신들을 도운 군사들이 선왕의 음덕(陰德)으로 나타난 자들이었음을 깨달았다.

"아! 미추왕께서 댓잎 군사를 보내시어 우리를 구하신 것이다."

신라군은 모두 미추왕의 능 앞에 꿇어앉아 절을 올렸다.

이 소식을 들은 유례왕은 즉시 미추왕의 능으로 와 제사를 크게 올렸다. 그리고 미추왕의 능을 댓잎이 나타났다 하여 죽현릉(竹現陵)이라 부르도록 했다.

후백제 견훤과
태조 왕건*

견훤은 황간 견씨의 시조로서, 말년에 아들 신검에게 버림을 받고 그의 나이 일흔에 이르러 화병으로 세상을 떠났다.

_권 2 기 2, 후백제의 견훤(甄萱)

《삼국사기》본전(本傳)에 의하면 견훤은 상주 가은현 사람이다.

견훤은 서기 867년 신라 경문왕 때 태어났다. 원래 성은 이씨였는데, 훗날 견(甄, 질그릇 견)씨로 바꿨다. 그의 아버지 아자개(阿玆蓋)는 농사꾼이었으나, 후에 사불성(沙弗城, 지금의 상주)에 웅거하여 스스로 장군이라 일컬었다.

아자개는 아들이 모두 넷이었는데, 그들 모두 세상에 이름을

---

* 이 장은 TV 드라마 〈태조 왕건〉을 바탕으로 견훤과 왕건의 내용을 좀 더 구체적으로 덧붙였다.

세웠다. 이들 중 특히 견훤이 뛰어나, 그 지혜와 용맹함이 눈에 띄었다.

아자개에 관한 기록은 《이제가기(李磾家記)》에서 볼 수 있다. 그 기록에 따르면 진흥왕의 비(妃)인 사도(思刀)는 시호를 백융부인이라 했다. 그녀의 셋째 아들은 구륜공이고, 구륜공의 아들은 선품, 선품의 아들은 작진이다. 작진은 왕교파리(王皎巴里)라는 여인을 아내로 맞아 원선(元善)을 낳았는데, 바로 이 원선이 아자개이다.

아자개의 첫째 부인은 상원부인이며, 둘째 부인은 남원부인으로 아들 다섯과 딸 하나를 낳았다. 그 맏아들이 상부(尙父) 훤(萱)이고, 둘째 아들이 능애(能哀) 장군이며, 셋째 아들은 장군 용개(龍盖), 넷째 아들은 보개(寶盖), 다섯째 아들이 장군 소개(小盖)다. 그리고 딸은 대주도금(大主刀金)이다.

《고기(古記)》에는 견훤에 대해 이렇게 기록하고 있다.

옛날에 한 부자가 광주(光州) 북촌에 살고 있었다. 그 부자에게는 딸이 하나 있었는데, 용모가 단아했다. 어느 날, 딸이 아버지에게 말했다.

"저…… 아버님, 이상한 일이 밤마다 벌어지고 있습니다."

"이상한 일이라니? 그것이 무엇이냐?"

아버지가 의아한 표정으로 물었다.

"밤마다 자줏빛 옷을 입은 웬 남자가 제 침실로 들어와 관계를 하고 돌아가곤 합니다."

"음…… 그러면 이렇게 해보거라. 긴 실을 바늘에 꿰어 그자의 옷에 꿰어두거라."

그날 밤 딸은 아버지의 말대로 사내의 옷에 실을 꿰었다.

이튿날 날이 밝자, 딸은 그 실을 따라서 가보았다. 실의 끝은 집의 북쪽 담 밑에까지 가 있었다. 담 밑에는 큰 지렁이가 하나 있었고, 지렁이의 허리에 실이 꿰어 있었다.

얼마 뒤 딸은 태기가 있더니 사내아이를 낳았다.

그 아이는 나이 열다섯이 되자 스스로를 견훤이라고 하였다. .

신라 진성여왕 6년, 서기 892년에 견훤은 스스로 왕이라 칭하였으며, 완산군(지금의 전주)에 도읍을 정했다.

견훤은 왕위에 오른 지 43년이 되는 934년에 그의 세 아들, 즉 신검과 용검, 양검이 결탁하여 반역하자 고려 태조(왕건)에게 가 항복했다.

아들 금강(이 부분은 신검을 잘못 표기한 것임. 금강은 신검에게 살해되었음)이 즉위한 후 936년에 고려 군사와 일선군(一善郡)에서 싸우는데 결국 패한다. 이로써 후백제는 멸망한다.

견훤이 태어나서 아직 강보에 싸인 채 젖을 먹을 때의 일이다.

견훤의 어머니는 들에서 밭을 갈고 있는 아버지에게 밥을 갖다

주려고 갓난아이인 그를 잠시 수풀 아래에 놓아두었다. 그때 호랑이 한 마리가 나타나 견훤을 덮쳤다. 견훤의 부모는 그 광경을 지켜보면서 자식 하나를 잃게 되었다고 생각했다. 그러나 나중에 보니 호랑이가 견훤에게 젖을 주고 있었다. 마을 사람들은 이 말을 듣고 신기한 일이라고 입을 모았다.

아이는 커갈수록 기골이 장대해졌으며 품은 뜻도 커서 남에게 얽매이지 않고 비범했다. 군인이 되어서는 서울에 들어왔다가, 서남 해변으로 가서 해안 수비 임무를 맡았다. 그때 그는 창을 베개 삼아 적군을 기다릴 정도로 기개가 충만했다. 그의 용기는 늘 사졸을 앞질렀으며, 여러 공로를 세워 비장(備藏)이 되었다.

신라 진성왕 6년. 왕의 총애를 받는 몇몇 신하가 국권을 쥐고 흔드는 바람에 나라의 기강이 문란해졌다. 게다가 흉년이 들어 백성들은 유랑생활을 하고 도처에 도적이 들끓었다. 이에 견훤은 반역할 뜻을 품고 무리를 모았다.

견훤의 무리는 일단 서울 서남쪽의 고을들을 공략했다. 그러다가 차츰 그 세력을 넓혀갔다. 견훤이 이르는 곳마다 백성들의 호응이 대단했다. 그리하여 그는 한 달 동안 무려 5천의 무리를 모았다. 드디어 견훤은 무진주(武珍州, 지금의 광주)를 치고 스스로 왕이 되었다. 하지만 감히 공공연하게 왕이라고 일컫지는 못하고 자칭 '신라 서남도통행 전주자사 겸 어사중승 상주국 한남국 개국

공'이라 했다. 이때가 서기 889년, 혹은 892년의 일이라고 한다.

이 무렵, 북원(北原)의 도적 양길(良吉)의 세력이 강성해졌다. 그러자 궁예(弓裔)는 자진하여 그의 수하로 들어갔다. 견훤이 이 소식을 듣고 멀리서 양길에게 비장의 직책을 주었다.

견훤이 서쪽으로 순행하여 완산주에 이르자 그 고을 백성들이 달려 나와 영접하며 위로했다. 그러자 견훤은 민심을 얻은 것을 매우 기뻐하며 부하들에게 말했다.

"백제가 개국한 후 육백여 년에 당(唐) 고종이 신라의 요청을 받아들여 소정방(蘇定方)과 수군 십삼만 명이 바다를 건너왔고, 신라의 김유신도 대군을 거느리고 황산을 지나서 당나라 군사와 합세하여 백제를 쳐 멸망시켰다. 그러니 내가 어찌 나라를 세워 옛날의 분함을 씻지 않겠는가!"

견훤은 마침내 스스로 후백제(後百濟)의 왕이라 일컫고, 수하의 부하들에게 벼슬과 직책을 나누어주었다. 이때가 서기 900년, 신라 효공왕 4년이었다.

서기 918년, 궁예가 웅거하고 있는 철원경(織原京, 지금의 철원 월정리)의 민심이 삽시간에 변했다. 궁예의 부하들 또한 마음이 변해 우리 태조(왕건)를 추대하여 왕위에 오르게 했다.

이 소식을 들은 견훤은 사자를 보내 경하하고, 공작선(부채)과

지리산의 죽전(竹箭) 등을 바쳤다. 견훤은 우리 태조에게 겉으로는 친한 척했으나 속으로는 벼르고 있었다.

견훤은 우리 태조에게 총마(驄馬)를 바치더니 928년 겨울 10월에는 3천의 기병을 거느리고 조물성(曹物城, 지금의 안동·상주 지방으로 짐작)까지 쳐들어왔다. 이에 태조도 정예병을 거느리고 나가 싸웠으나 견훤의 군사가 빠르고 날래서 승부를 낼 수 없었다.

태조는 임시변통으로 화친하여 견훤 군사들의 기세를 잠재워 보려고 했다. 그는 견훤에게 편지를 띄워 화친을 청하고, 종제(從弟, 사촌동생)인 왕신(王信)을 볼모로 보냈다. 견훤 역시 그의 사위인 진호(眞虎)를 볼모로 보내왔다.

그해 12월, 견훤은 거서(居西, 오늘날 어디인지 알 수 없음) 등 20여 개 성을 공략하여 빼앗고, 후당(後唐)에 사자를 보내 번신(藩臣, 변두리 신하의 나라)이라 일컬었다. 이에 후당은 그에게 '검교태위 겸 시중 판백제군사'의 벼슬을 주고, 종전대로 '도독행 전주자사 해동사 면도통지휘 병마판치등사 백제왕'임을 인정해주었다. 또한 식읍(食邑)은 2천5백 호로 하였다.

서기 926년, 고려 태조 9년에 갑자기 고려에 인질로 와 있던 진호가 죽었다. 견훤은 고려에서 그를 고의로 죽였다고 의심했다. 그래서 즉시 왕신을 가두고 사람을 고려로 보내 일전에 주었던 총마를 돌려보내라 통보했다. 이에 태조는 웃으면서 그 말을 돌려주었다.

927년 9월, 견훤이 근품성을 공략하고 성에 불을 질렀다. 그러자 신라의 왕이 태조에게 구원을 청했다. 태조가 이를 받아들여 출병 하려 하자 견훤은 고울부(高鬱府, 지금의 울주)를 쳐서 차지하고, 시 림으로 진군하여 순식간에 신라의 서울까지 진격해 들어갔다.

이 무렵 신라의 왕은 부인과 함께 포석정에 나가 놀고 있었기 때문에 더욱 큰 화를 당했다. 견훤은 신라의 왕비를 끌어다가 강 제로 욕보이고, 왕의 족제(族弟, 같은 성의 먼 친척 동생)인 김부(金傅) 로 하여금 임금 자리에 앉게 했다.

그 뒤 신라의 왕 아우인 효렴과 재상 영경을 사로잡고, 신라의 진귀한 보물이며 병기 그리고 여러 분야에서 두드러진 숙련공들 을 모두 끌고 갔다.

태조는 귀로(歸路)에 들어선 견훤을 맞아 정예 기병 5천을 이끌 고 공산(公山, 지금의 대구 팔공산) 아래에서 크게 싸웠다. 그러나 이 싸움에서 태조의 장수 김락(金樂)과 신숭겸(申崇謙), 그리고 수많은 군사가 죽었다. 태조도 겨우 죽음만 면했을 뿐 대항하지 못했으 므로 견훤으로 하여금 죄악을 범하도록 내버려둘 수밖에 없었다.

견훤은 기세를 몰아 대목성, 경산부, 강주 등지로 옮겨 다니며 노략질을 일삼았고 부곡성도 공격했다. 이때 의성부의 태수 홍술 (洪述)이 견훤에 대항하여 싸우다가 목숨을 잃었다. 이 소식을 듣자 태조가 탄식하며 말했다.

"나의 오른팔을 잃었구나!"

서기 930년, 견훤은 고창군을 공격하고자 군사를 동원하여 석산(石山)에 성책을 구축하고 있었다. 태조도 그곳에서 멀지 않은 병산(甁山)에 진지를 구축했다. 수차례 교전을 거듭한 끝에 견훤군이 패배했고, 그의 시랑 김악(金渥)이 사로잡혔다. 이튿날, 견훤이 군사를 수습하여 순주성을 습격하자 이를 막지 못한 성주 원봉(元逢)이 성을 버리고 야반도주했다. 이에 격노한 태조는 그 고을의 격을 낮추어 하지현(下枝縣)이라고 고쳤다.

신라의 군신들은 나라가 쇠망하여 다시 부흥할 길이 없다고 판단, 우리 태조를 끌어안고 화친을 맺어 그 후원을 입으려 했다. 이 소식을 들은 견훤은 다시 노하여 신라의 서울로 쳐들어가려 했다. 그러나 태조가 먼저 들어갈 것을 염려하여 태조에게 편지 한 통을 보냈다. 그 편지의 요지는 이렇다.

'나는 오랫동안 고려와 우호를 통하고, 서로 이웃끼리의 동맹을 맺은 줄 알았소. 그런데 근래에 쌍방의 볼모가 죽은 것을 계기로 마침내 화친하던 옛 마음을 잃어버린 채 서로 국경을 침범하고 전쟁을 멈추지 않고 있소. 그런 까닭에 이 글을 보내니 이제는 서로 친목하여 길이 평화를 도모하도록 합시다. 토끼와 사냥개가 함께 지치면 결국 남의 조롱을 받을 것이오. 조개와 황새가 서로 버티면 또한 남의 웃음거리밖에 안 될 것이오. 끝까지 미복(迷復, 어리석어 깨닫지 못하고 잘못을 반복함)을 경계하여 후회를 자초하지 않도록 하기 바라오.'

이 편지에 대해 '만약 지금까지의 허물을 고치지 않는다면 후회해도 소용없을 것'이라는 내용의 회답을 보냈다.

서기 932년, 견훤의 신하로서 용맹하고 강직했던 공직(龔直)이 태조에게 투항했다. 그러자 견훤은 공직의 두 아들과 딸을 잡아 다리 힘줄을 불로 지져 끊어버렸다.

그해 9월, 견훤은 일길(一吉)을 보내 수군을 이끌고 고려의 예성강으로 들어가 사흘간 머물면서 염주·백주·진주 등 3개 주(州)에 걸쳐 배 1백 척을 빼앗아 불살랐다.

서기 934년, 견훤은 태조가 운주에 주둔한다는 말을 듣고 우수한 군사들만 뽑아 급히 공격하도록 했다. 그러나 미처 태조의 진영에 닿기도 전에 장군 유금필이 날랜 기병으로 쳐서 3천여 명의 목을 베었다. 이 소문을 듣고 웅진 이북의 30여 성들이 자진하여 항복했으며, 견훤의 책사 종훈(宗訓)과 의사 지겸(之謙), 용장 상봉(尙逢)과 최필(崔弼) 등도 모두 태조에게 투항했다.

서기 936년 정월에 견훤은 자기 아들들에게 말했다.

"이 노부(老父)가 신라 말기에 후백제를 세워 지금까지 여러 해 지났다. 지금 나의 군사는 북쪽 고려 군사보다 갑절에 이르게 되었다. 그러나 우리가 고려를 이기지 못하니, 이것은 필경 하늘이 고려를 돕고 있는 것이 아닌가 싶다. 상황이 이러한데 내가 어찌 고려왕에게 귀순하여 목숨을 보전하지 않을 수 있겠느냐?"

즉, 고려에 투항하겠다는 뜻이었다. 견훤의 이 말에 그의 세 아들 신검, 용검, 양검은 하나같이 그 뜻에 응하지 않았다.

《이제가기》에 따르면 견훤에게는 아홉 명의 자식이 있었다고 한다. 맏아들은 신검, 둘째는 태사인 겸뇌, 셋째는 좌승인 용술, 넷째는 총지, 다섯째는 종우, 여섯째는 이름을 알 수 없으며, 일곱째는 위흥, 여덟째는 청구였다. 그리고 딸 하나는 국대부인이었는데, 이들은 모두 상원부인의 소생이었다.

견훤은 첩을 많이 거느려 그들 사이에서 아들을 열 명이나 두었다. 그중 넷째인 금강(金剛)은 키가 크고 지혜가 뛰어나 견훤이 특별히 총애했다. 그래서 그에게 왕위를 물려주려고 했다. 그러자 그의 형들인 신검, 양검, 용검이 아버지의 뜻을 눈치채고 매우 근심했다. 이 무렵 양검은 강주도독으로 있었고, 용검은 무주도독으로 있었으며, 신검만이 홀로 견훤의 곁에 머물렀다.

이러한 시기에 이찬 능환(能奐)이 강주와 무주로 사람을 보내 양검 등과 일단의 모의를 꾸몄다. 서기 935년 3월, 능환은 영순 등과 함께 신검에게 견훤을 금산(金山)의 절에 가둘 것을 권유하고, 사람을 보내어 금강을 죽였다. 그리고 신검은 스스로 대왕이라 일컬으며, 나라 안의 죄수들을 사면시켰다.

이에 앞서 견훤은 아직 잠자리에 들어 있었는데, 멀리 궁궐 뜰에서 고함 소리가 들렸다. 견훤이 이게 무슨 소리냐고 소리치자, 어디선가 신검이 나타나서 아버지에게 아뢰었다.

"이제 아버님께서는 연로하시어 군국(軍國)의 정무에 어두우시므로 장자인 저 신검이 부왕의 자리를 대신하게 되었습니다. 그리하여 여러 장수가 기뻐서 축하를 보내는 소리입니다."

신검은 아버지를 금산의 불당으로 옮기고, 파달 등 장사 30명을 세워 지키게 했다. 이때 세상에는 다음의 동요가 떠돌았다.

가엾은 완산(完山)의 아이,
아비를 잃은 채 그칠 줄 모르고 우네.

견훤은 후궁과 나이 어린 남녀 두 사람, 그리고 시비 고비녀와 내인 능예남 등과 함께 절에 갇혀 있었다. 그 후 4월에 이르러 술을 빚게 한 뒤 절을 지키는 장사 30명에게 먹여 취하게 한 다음 마침내 고려로 도주했다.

태조는 소원보 향예, 오담, 충질 등과 함께 바닷가로 나가 그를 맞이했다. 견훤이 고려에 이르자 태조는 그가 자기보다 10년 연상이라고 하면서 상부(尙父)라고 존대했다.

태조는 견훤을 남궁에 편안히 거처하도록 조치했으며, 양주의 식읍과 노비 40명, 말 아홉 필을 주었다. 그리고 먼저 투항하여 고려에서 살고 있던 신강(信康)을 견훤의 아전(衙前, 하인)으로 삼았다.

그 무렵 견훤의 사위인 장군 영규(英規)가 그의 아내에게 몰래 말을 건넸다.

"대왕께서 사십여 년에 걸쳐 공업을 쌓아 이제 거의 모든 것이 이루어지려 했는데 하루아침에 가족 간의 불화 때문에 나라를 잃고 고려로 가시고 말았소. 대체로 정녀(貞女)는 두 남편을 모시지 않고, 충신은 두 임금을 섬기지 않는 법이오. 만약 내가 임금을 버리고 반역한 아들을 섬긴다면 무슨 면목으로 천하의 의인(義人)들을 대한단 말이오. 더구나 듣자 하니 고려의 왕은 성품이 온후하고 생활이 근검하여 민심을 얻었다고 하는데, 이는 필시 하늘의 계시가 있어 반드시 그를 삼한의 임금으로 삼으려는 것일 게요. 그러므로 나는 지금 글을 보내어 우리 임금을 위안하고, 한편으로는 왕공(王公)에게도 은근히 뒷날의 복을 도모하고자 하오."

남편의 말을 듣고 영규의 아내가 맞장구를 쳤다.

"당신의 말이 바로 제 뜻입니다."

936년 2월, 영규는 태조에게 사람을 보내 자기 뜻을 전했다.

"왕께서 제 뜻을 헤아리신다면 저는 그에 응하여 고려 군사를 맞이하겠습니다."

태조는 그 뜻을 기쁘게 받아들여 그가 보낸 사자에게 예물을 후하게 내리고 영규를 치하했다.

"만약 장군의 은혜를 입어 우리가 하나로 합쳐지고 내가 가는 길에 막힘이 없도록 한다면, 즉시 먼저 장군을 뵙고 당(堂)에 올라가 부인께 인사를 드릴 것이오. 그런 다음 그대를 형으로 섬기고 부인을 누님으로 받들어 반드시 후히 보답하겠소. 지금 내가 한 말은 천지신명이 모두 들었을 것이오."

그해 6월, 견훤이 태조에게 말했다.

"노신(老臣)이 전하께 몸을 맡긴 까닭은 전하의 위엄에 의지하여 반역한 자식을 죽이기 위함이었습니다. 엎드려 바라옵건대 대왕께서는 신병(神兵)을 부려 적자(賊子)와 난신(亂臣)을 벌하여 주소서. 그리해주신다면 죽어도 여한이 없겠습니다."

태조가 대답했다.

"그들을 치지 않으려고 하는 것이 아닙니다. 단지 때를 기다리고 있는 것이니 조금 더 기다려주십시오."

이윽고 태조는 먼저 태자 무(武)와 장군 술희(述希)로 하여금 보병과 기병 10만을 거느리고 천안부로 가게 했다. 그러고는 삼군(三軍)을 거느리고 천안에 이르러 군사와 합류한 뒤 일선군으로 진군했다. 그러자 신검이 군사를 거느리고 나와 이를 저지했다.

마침내 일이천(一利川)을 사이에 두고 태조와 신검이 대치했다.

이때 고려군은 동북방을 등지고 서남방을 향해 진을 쳤다. 태조가 견훤과 함께 병사들의 동태를 살피고 있는데 갑자기 칼과 창 모양을 한 흰 구름이 일더니 적진을 향해 몰려갔다.

그것에 힘입어 우리 군사는 북을 치며 돌진했다. 그러자 후백제의 장군 효봉, 덕술, 애술, 명길 등은 우리 군세의 질서가 막강함을 보고는 갑옷을 내던진 채 앞으로 나와 항복했다.

태조는 그들을 너그러이 위로했다. 그리고 장수가 있는 곳을 물으니 효봉 등이 대답했다.

"원수 신검은 군중에 있습니다."

이 말을 듣고 태조는 장군 공훤 등에게 명했다. 이에 군대는 삼군이 일시에 협공을 가했다.

결국 후백제군은 무너져 달아났다. 신검은 황산 탄현에 이르자 두 아우와 장군 부달, 능환 등 40여 명과 함께 항복했다. 태조는 그들의 항복을 받아들였다. 또한 나머지 병사들을 모두 위로하여 처자와 함께 서울로 올라와 살도록 조치했다.

전쟁이 끝난 뒤 태조가 능환에게 물었다.

"처음에 양검 등과 모의를 하여 대왕을 가두고 그 아들을 세운 것은 모두가 네 계책인데, 신하 된 자로서 그리해도 마땅한 일이라고 생각하느냐?"

태조의 질책에 능환은 고개를 숙인 채 말을 하지 못했다. 결국 태조는 그의 목을 베도록 명했다.

신검이 자기 아버지를 버리고 왕위에 오른 것은 그의 본심은 아니고, 타인의 위협 때문이었다. 또한 그가 무릎을 꿇고 죄를 빌었으므로 태조는 그의 죽음을 면하게 해주었다.

끝내 아들의 죽음을 못 본 견훤은 이를 분하게 여겨 등창이 나고 말았다. 그러더니 며칠 뒤 황산의 절간에서 운명을 다하였다. 그때가 태조 19년, 서기 936년 9월 8일이었고 견훤의 나이 일흔이었다.

태조는 군령을 엄히 하여 군사들이 추호도 다른 뜻을 품지 못하게 했다. 그 덕분에 노인부터 어린이까지 모두 만세를 불렀다.

어느 날, 태조가 영규에게 말했다.

"전왕(견훤)이 나라를 잃은 뒤 그의 신하들 중 아무도 위로하는 자가 없었는데, 오직 경의 부부만이 천 리 먼 길에도 편지를 끊이지 않고 보내주었소. 또한 나에게도 미덕을 베풀어주었으니 그 의리를 잊을 수가 없구려."

태조는 영규에게 좌승이라는 벼슬과 밭 1천 경을 내리고, 역마 35필을 빌려주면서 가족들을 맞아 오도록 했다. 또한 그의 두 아들에게도 벼슬을 내렸다.

견훤은 서기 892년에 나라를 세워 936년에 멸망했으니, 그 햇수가 45년이었다.

그 시대에 대한 사론(史論)은 이러하다.

'신라는 그 운명이 다하고 도를 잃어버려, 하늘이 돕지 않고 백성들 또한 돌아갈 곳이 없게 되었다. 이에 여기저기에서 도적들이 일어나 마치 고슴도치의 털처럼 되고 말았다. 그 도적들 중에서도 가장 강한 자는 궁예와 견훤 두 사람이었다.'

궁예는 본래 신라의 왕자였지만 자기 나라를 원수로 삼아 선조의 화상(畵像)을 칼로 베기까지 했으니 그의 어질지 못함이 너무 심했다.

견훤은 신라의 백성 신분으로 몸을 일으켜 신라의 국록을 먹으면서도 그릇된 마음을 품고 나라의 위태로움을 틈타 신라의 서울을 쳐 임금과 신하들을 마치 짐승처럼 죽였으므로 기실 천하의 원흉이 아닐 수 없다.

그러므로 궁예는 자기 신하에게 버림을 받았고, 견훤은 자기 아들에게 화를 당했다. 이것은 모두 자신들이 자초한 일이었다. 그러니 누구를 원망할 것인가.

한고조(漢高祖)의 유방과 대결한 항우(項羽)나 수나라 사람으로 당나라에 반기를 든 이밀(李密)처럼 뛰어난 재주를 가진 자들도 한나라와 당나라가 일어나는 것을 막지 못했는데, 하물며 궁예와 견훤 같은 흉악한 자들이 어찌 우리 태조에게 대항할 수 있었겠는가.

三
國
遺
事

2

기이한 이야기의
주인공들

화랑에서 왕이 된
경문대왕

"만약 둘째 공주를 맞이한다면 나는 낭이 보는 앞에서 죽고 말겠습니다. 그러나 맏공주를 맞이한다면 반드시 세 가지의 좋은 일이 생길 것이니 신중하게 처신하십시오."

_권 2 기이 2, 제48대 경문대왕(景文大王)

화랑에서 왕이 된 경문대왕의 이름은 응렴(膺廉)이다. 그는 나이 열여덟에 국선(國仙, 화랑)이 되었다. 나이 스물이 되자 헌안대왕이 그를 불러 궁중에서 연회를 베풀며 물었다.

"그대는 화랑이 되어 사방을 두루 다녔는데 어떤 특이한 일을 본 적이 있는가?"

응렴랑이 대답했다.

"신은 그동안 아름다운 일을 행하는 세 사람을 보았습니다."

"그들의 이야기를 들려주게."

"예. 첫 번째 사람은 남의 윗자리에 있을 만한 사람이면서도 겸손하여 남의 밑에 있는 자였습니다. 두 번째 사람은 권력이 있고 부자이면서도 옷차림은 검소하게 하는 사람이었습니다. 마지막으로 본래부터 귀하고 권력도 있지만 그 위력을 자랑하지 않는 사람이었습니다."

대왕은 응렴랑의 말을 듣고 그의 사람됨이 매우 어질고 현명함을 깨달았다. 그래서 이렇게 말했다.

"내게 두 딸이 있는데 그대가 거둬주었으면 하네."

황송한 마음에 응렴랑은 일어나 절을 올린 후 머리를 조아리며 물러갔다.

응렴랑은 집으로 돌아와 이 사실을 부모에게 고했다. 부모는 매우 기뻐했다.

"네가 성은을 입게 되었으니 얼마나 경사스런 일이냐? 그런데 첫째 공주는 용모가 초라하니 이왕이면 아름다운 둘째 공주를 아내로 맞이하는 것이 어떻겠느냐?"

부모는 자색이 뛰어난 둘째 공주를 며느리로 삼기를 원했다.

며칠 후, 낭도들의 우두머리인 범교사(範敎師)가 이 소식을 듣고 응렴랑의 집으로 찾아와 물었다.

"대왕께서 공에게 공주를 아내로 주고자 하셨다는데 그것이 사실입니까?"

"사실입니다."

"그럼 공은 어느 공주를 맞을 생각인지요?"

"제 양친께서는 미모가 뛰어난 둘째를 원하십니다."

범교사가 가볍게 고개를 흔들며 말했다.

"만약 둘째 공주를 맞이한다면 나는 공이 보는 앞에서 죽고 말 겠습니다. 그러나 맏공주를 맞이한다면 반드시 세 가지의 좋은 일이 생길 것이니 신중하게 처신하십시오."

"세 가지 좋은 일이 무엇인지요?"

"그것은 훗날 저절로 밝혀질 것입니다."

응렴랑은 범교사가 권한 대로 첫째 공주를 아내로 맞이했다.

그 후 3개월이 지났을 무렵, 헌안대왕의 병이 깊어져 위독한 지경에 이르렀다.

더는 손쓸 수 없음을 안 헌안대왕은 급히 신하들을 불러놓고 말했다.

"알다시피 내게는 아들이 없소. 그러므로 내 사후의 일은 마땅히 맏딸의 남편인 응렴이 이어받아야 할 것이오."

그 말을 남긴 헌안대왕은 이튿날 눈을 감았다. 신하들은 선왕의 유언을 받들어 응렴랑을 왕으로 추대했다.

어느 날, 범교사가 왕이 된 응렴을 찾아와 말했다.

"일전에 제가 말씀드린 세 가지 좋은 일이 이제야 다 이루어졌습니다."

"오, 그렇소? 그 세 가지를 이제 말해보시오."

"그 첫 번째는 맏공주를 맞이하셔서 왕위에 오르신 일이고, 두 번째는 그토록 흠모하시던 둘째 공주를 이제는 쉽게 취하실 수 있게 된 일이며, 세 번째는 맏공주를 맞이하신 것을 선왕의 왕비께서 무척 기뻐하셨다는 사실입니다."

"듣고 보니 그대의 말이 모두 옳구려."

왕은 범교사의 말을 고맙게 여겨 대덕(大德)이라는 직위를 내리고, 금 130냥을 하사했다.

왕이 세상을 떠나자 시호를 경문(景文)이라고 했다.

임금님 귀는 당나귀 귀

복두장은 평생 이 일을 말하지 않겠다고 맹세했다. 하지만 그는 시간이 지날수록 입이 근질거려 참을 수가 없었다. 결국 그는 가슴에 병이 도지고 말았다.

_권 2 기이 2, 제48대 경문대왕(景文大王)

경문왕은 왕위에 오른 뒤부터 이상하게 매일 조금씩 귀가 커졌다. 그러더니 이윽고 귀가 너무 길어져 마치 나귀의 귀처럼 되고 말았다.

이 사실은 왕비나 궁인들도 알지 못했고, 오직 경문왕 자신과 복두(幞頭, 모자)를 만드는 복두장만이 알고 있었다. 그래서 경문왕은 복두장에게 이 사실을 발설하지 말라고 단단히 일렀다.

복두장은 평생 이 일을 말하지 않겠다고 맹세했다. 하지만 그는 시간이 지날수록 입이 근질거려 참을 수가 없었다. 결국 그는 가슴에 병이 도지고 말았다.

복두장의 병은 날이 갈수록 깊어졌다. 마침내 그는 죽을 날이 머지않았음을 직감하고 평생 가슴에 맺힌 한을 풀기로 마음먹었다.

그는 도림사의 대숲으로 갔다. 도림사는 지금의 경북 월성군에 있는 절인데, 그 절의 뒷산에는 예로부터 유명한 죽림(竹林)이 있었다.

대숲 깊숙한 곳으로 들어간 그는 주변에 아무도 없음을 확인한 뒤 있는 힘을 다해 소리쳤다.

"임금의 귀는 당나귀 귀처럼 생겼더라! 임금의 귀는 당나귀 귀다!"

가슴속에 맺혔던 그 말을 실컷 외친 그는 며칠 뒤 세상을 떠났다.

그런데 그때부터 대숲에서 이상한 일이 벌어졌다. 바람이 조금만 세게 불라치면 대나무 잎이 흔들리면서 괴이한 소리가 나는 것이었다.

"임금의 귀는 당나귀 귀! 임금의 귀는 당나귀 귀!"

생전에 복두장이 외친 그 소리가 온 숲에 메아리치는 것이었다.

이 소식은 경문왕의 귀에까지 들어갔다. 경문왕은 이 소리가 듣기 싫어 죽림의 대나무를 모두 베어버리고 그 자리에 산수유를 심었다. 그랬더니 그 후부터 바람이 불 때마다 이런 소리가 났다.

"임금의 귀는 길다! 임금의 귀는 길다!"

일본에서 왕이 된
연오랑과 세오녀

연오랑은 바위를 타고 일본까지 흘러갔다. 당시 일본은 뚜렷한 지도
자가 없는 가운데 여러 부족이 싸움을 일삼고 있었다. 이러한 상황에
서 연오랑이 바위를 타고 나타나자 그들은 신기한 눈으로 그를 바라
보았다.

_권 1 기이 1, 연오랑(延烏郎)과 세오녀(細烏女)

신라 제8대 왕 아달라(阿達羅) 이사금이 즉위한 지 4년째
되던 서기 158년의 일이다.

동해 바닷가에 연오랑과 세오녀라는 부부가 살고 있었다. 그들
은 가난하지만 부지런히 미역과 조개를 캐며 생활하는 성실한 부
부였다. 특히 아내 세오녀는 베 짜는 솜씨가 뛰어났다.

어느 날, 바다 수면 위로 전에 없던 바위 하나가 홀연히 나타났다.

"저것이 웬 바위지? 오늘은 저 바위에서 고기를 잡아봐야겠다."

연오랑은 그 바위 위로 올라가 낚싯줄을 드리웠다. 그런데 그날

따라 이상하게 고기가 물지 않았다.

점심때가 다 되어도 연오랑은 헛손질만 거듭했다.

'오늘은 일진이 좋지 않은 모양이네. 그만 낚싯줄을 거둬들여야 겠다.'

그때였다. 갑자기 바위가 기우뚱하더니 연오랑을 태운 채 바다 한가운데로 흘러가기 시작했다.

"이게 어찌 된 일이지? 바위가 떠내려가고 있잖아!"

연오랑은 바위에 탄 채 일본까지 흘러갔다. 당시 일본에는 모든 세력을 아우를 만한 지도자가 없었다. 그렇다 보니 여러 부족이 빈번히 서로 싸움을 일삼았다. 이러한 상황에 연오랑이 바위를 타고 나타나자 그들은 신기한 눈으로 그를 바라보았다.

일본인들은 연오랑을 하늘에서 내린 사람이라고 믿었다. 그래 서 그들은 부족회의를 열어 연오랑을 자신들의 왕으로 추대했다.

한편, 아내 세오녀는 아무리 기다려도 남편이 돌아오지 않자 얼 른 바닷가로 뛰어갔다. 그녀는 여기저기를 헤매며 남편을 찾아보 았으나 그 어디에도 없었다. 그러던 중 그녀는 남편의 신발이 나 란히 놓여 있는 바위 하나를 발견했다.

'아, 저기 있구나!'

세오녀는 남편이 벗어놓은 신발을 보고 바위 위로 올라갔다. 그 러자 바위가 또다시 세오녀를 태운 채 일본까지 흘러갔다. 그렇게 세오녀도 일본으로 갔고, 남편을 만나 왕비가 되었다.

그런데 이 부부가 신라 땅을 떠난 뒤부터 나라에 이상한 일이 벌어졌다. 갑자기 해와 달이 빛을 잃은 것이다. 왕은 천문을 맡은 신하를 불러 그 까닭을 물었다. 그러자 신하가 대답했다.

"해와 달의 정기가 우리나라에 있다가 이제 일본으로 갔기에 이런 변괴가 생긴 것입니다."

왕은 곧장 일본으로 사신을 파견했다. 연오랑 부부를 다시 데려 오기 위해서였다.

사신을 영접한 연오랑이 말했다.

"우리가 여기에 온 것은 하늘의 뜻인 듯하오. 그러하니 내 마음 대로 돌아갈 수는 없는 일이오. 그러나 신라에 해와 달이 빛을 잃 어 어둠에 묻혔다고 하니 내 아내가 짠 명주를 가지고 가서 하늘 에 제사를 올리도록 하시오. 그러면 다시 해와 달이 나와 빛을 발 할 것이오."

그러고는 세오녀가 짠 비단을 사신에게 주었다.

사신이 비단을 가져가 하늘에 제사를 올렸더니 과연 해와 달이 나타나 예전처럼 밝게 빛났다.

그 후 왕은 세오녀가 짠 명주 비단을 국보로 삼고, 그것을 넣어 둔 창고를 귀비고(貴妃庫)라 불렀다. 또한 그 비단으로 제사 지낸 곳을 영일현(迎日縣) 혹은 도기야(都祈野)라고 했다.

배필이 없었던
지철로왕

왕의 배필을 구하러 다니던 신하들이 모량부에 이르렀을 때였다. 동로수 아래에서 개 두 마리가 큰북만 한 똥 한 덩어리를 놓고 양쪽에서 물고 다투는 중이었다.

_권 1 기이 1, 지철로왕(智哲老王)

　　신라 제22대 지철로왕의 성은 김씨이고, 이름은 지대로(智大路) 또는 지도로(智度路)라고 했다. 흔히 지증왕(智證王)으로 더 잘 알려진 임금이다. '지증'은 그가 죽은 뒤에 받은 시호인데, 이때부터 왕의 시호를 사용하기 시작했다. 그는 503년에 국호를 '신라'로 바꾸면서 왕을 뜻하는 칭호 '마립간'을 폐지하고 정식으로 왕이라는 명칭을 사용하는 등 국가 체제를 정비했다.

　　그런데 지철로왕의 음경(陰莖)은 길이가 한 자 다섯 치에 이르렀다고 한다. 그래서 오래도록 배필을 구하지 못했다고 한다.

三國遺事 — 지철로왕

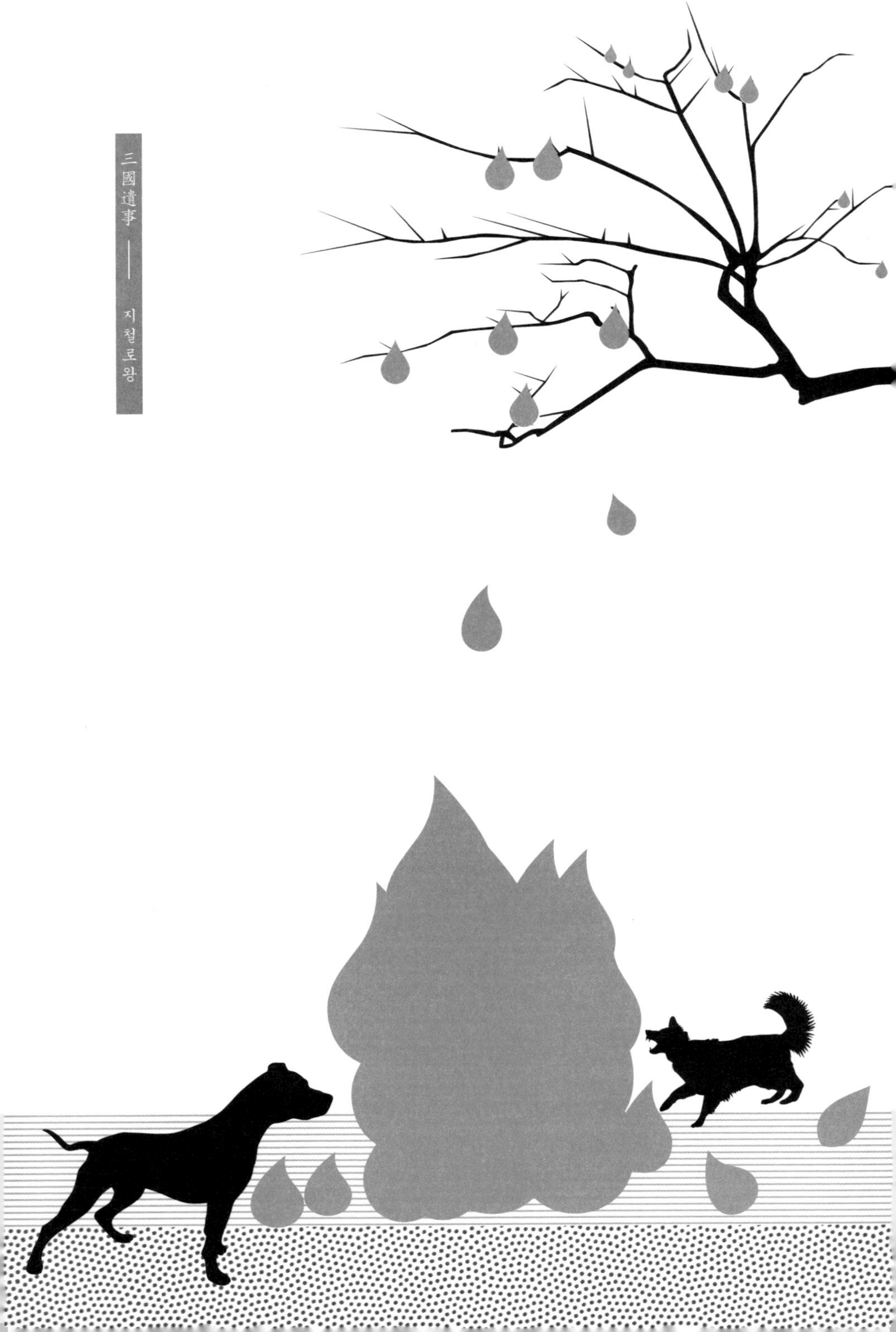

어느 날, 왕의 배필을 구하러 다니던 신하들이 모량부에 이르렀을 때였다. 동로수(冬老樹) 아래에서 개 두 마리가 큰북만 한 크기의 똥 한 덩어리를 놓고 양쪽에서 물고 다투는 중이었다. 신하들은 그 광경을 이상히 여겨 마을 사람들에게 물었다.

"도대체 저리 큰 변을 본 사람이 누구요?"

그러자 한 여자아이가 나서서 말했다.

"저건 모량부 상공의 딸이 빨래를 하다가 숲속에 몰래 숨어서 눈 것인데, 그것을 가지고 개들이 저 난리를 피우고 있는 것입니다."

신하들은 얼른 상공의 집으로 달려갔다. 과연 그 집 딸의 키가 일곱 자 다섯 치나 되었다.

이 사실을 알게 된 지철로왕은 즉시 그 집으로 수레를 보내 여인을 궁중으로 불러들였다. 그 여인은 곧 황후가 되었다.

도화녀와
그의 아들 비형랑

왕은 도화녀의 방에서 이레 동안 머물렀는데, 매일 오색구름이 집을
덮고, 은은한 향기가 방 안을 가득 채웠다. 그리고 여드레째 되는 날,
왕은 홀연히 자취를 감췄다. 달이 차자 도화녀는 사내아이를 낳았다.
아이의 이름은 비형이라고 지었다.

_권 1 기이 1, 도화녀(桃花女)와 비형랑(鼻荊郎)

신라 제25대 진지왕(眞智王)의 시호는 사륜(舍輪)이었다.
그의 성은 김씨이며, 왕비는 기오공의 딸인 지도부인(知刀夫人)이
었다. 그는 576년에 왕위에 올랐으며 나라를 다스린 지 4년 만에
주색에 빠져 음란해졌고, 그로 인해 정사를 어지럽혀 나라의 사
람들이 그를 폐위시켰다.

진지왕이 사량부(沙梁部)의 어느 민가에 매우 아름다운 여인이
있다는 사실을 알게 되었다. 사람들은 그 여인을 도화랑(桃花娘, 일
명 도화녀)이라고 불렀다. 사람들의 입에 계속 오르내리는 그녀 때

문에 왕은 더이상 참지 못했다. 그래서 그녀를 궁중으로 불러들여 욕심을 채우려고 했다.

궁중으로 불려 들어온 여인이 놀란 얼굴로 말했다.

"무릇 여인은 두 남자를 섬기지 않는 법입니다. 제게 어엿한 남편이 있는데도 다른 남자에게 시집을 간다는 것은 만승(萬乘)의 위엄으로도 어찌하지 못할 것입니다."

순간 움찔한 진지왕은 그러나 다시 그녀를 옥죄었다.

"내가 너를 죽인다면 어찌하겠느냐?"

도화녀가 답했다.

"여기서 죽임을 당할지라도 저는 절대 다른 마음을 갖지 않을 것입니다."

왕은 여인의 절개가 대단하다 느끼고, 이번에는 가벼이 농담 한 마디를 던졌다.

"그럼 네 남편이 없으면 내 소망을 받아들일 수 있겠느냐?"

도화녀도 그 물음에는 어찌지 못하고 고개를 끄덕였다.

"그렇다면 받아들일 수 있을 것입니다."

진지왕은 그 말에 어느 정도 마음이 풀려 더 이상 그녀를 다그치지 않고 놓아주었다.

바로 그해에 진지왕은 폐위되어 왕좌에서 쫓겨났는데, 얼마 지나지 않아 세상을 떠나고 말았다. 그 2년 뒤, 도화녀의 남편도 세상을 등졌다.

도화녀가 상을 당한 지 열흘이 지난 뒤였다. 남편을 잃고 홀로 빈방을 지키고 있는 도화녀 앞에 홀연히 진지왕이 나타났다.

"너는 옛날에 내게 허락한 말을 잊지 않았겠지? 자, 이제 네 남편이 죽고 없으니 내 소원을 들어줄 수 있겠느냐?"

"기다리십시오. 부모님의 승낙이 있어야 할 것입니다."

도화녀는 그 자리에서 확답을 하지 않고 부모에게 이 사실을 알렸다. 그러자 그녀의 부모가 말했다.

"임금의 명을 어찌 피할 수가 있겠느냐?"

결국 도화녀는 왕이 있는 방으로 들어갔다. 왕은 도화녀의 방에서 이레 동안 머물렀는데 매일 오색구름이 집을 덮고, 은은한 향기가 방 안을 가득 채웠다.

여드레째 되는 날, 왕은 홀연히 자취를 감췄다.

도화녀는 이내 태기가 있더니 달이 차자 해산을 하게 되었다. 그녀가 진통을 시작하자 갑자기 천지가 진동했다. 그녀는 사내아이를 낳았다. 아이의 이름을 비형이라고 지었다.

그 무렵 진평대왕(眞平大王)도 그 이상한 소문을 듣고는 아이를 궁중으로 불러들여 그곳에서 길렀다.

아이의 나이가 열다섯이 되자 왕은 그에게 집사(執事)라는 벼슬을 주었다.

그런데 비형은 밤만 되면 궁궐을 벗어나 멀리 나가 노닐다 돌아오곤 했다. 왕은 그 짓이 해괴하여 용감한 병사 50명을 시켜 감시하게 했으나, 비형은 번번이 성을 날아 넘어서 서쪽 황천 언덕 위로 가 도깨비들과 함께 노닐었다.

한번은 병사들이 그를 쫓아가 숲속에 숨어 엿보았다. 도깨비들은 한창 뛰놀다가도 절에서 울리는 새벽 종소리에 뿔뿔이 흩어졌고, 비형랑 또한 그제야 궁궐로 돌아가는 것이었다.

병사들은 이 사실을 왕에게 보고했다. 왕은 비형을 불러들여 물었다.

"네가 도깨비 무리와 어울려 논다는데 그게 사실이냐?"

"예, 그렇습니다."

비형은 사실을 부인하지 않았다.

"음…… 그렇다면 그 도깨비 무리를 이끌고 신원사 북쪽에 있는 개천에 다리를 놓아보도록 하여라."

비형은 그날 밤 도깨비 무리를 부려 큰 다리를 놓았다. 사람들은 그 다리를 귀교(鬼橋)라고 불렀다.

왕은 하룻밤 사이에 큰 다리 하나가 생기자 놀라워하며 물었다.

"네가 거느린 그 도깨비들 중에서 인간으로 출현하여 조정을 도울 만한 자가 있느냐?"

비형이 대답했다.

"길달(吉達)이라는 자가 있는데, 그라면 국정을 도울 만할 것입니다."

"좋다. 그를 데려오도록 해라."

이튿날 비형은 길달을 데려왔다. 왕은 그에게 집사 벼슬을 내렸다. 과연 그는 충직하기가 이를 데 없었다.

그 무렵 각간(角干) 임종(林宗)이라는 사람이 있었는데, 그에게는 지식이 없었다. 진평대왕은 길달을 임종의 아들로 들이게 했다.

임종은 왕의 명을 거역할 수가 없어 아들을 받아들였다. 그러나 도깨비를 아들로 두었다는 게 영 꺼림칙했다. 그는 길달에게 명하여 흥륜사 남쪽에다 문루(門樓)를 세우도록 했다. 그러자 길달은 순식간에 문루 하나를 세웠다. 임종이 말했다.

"이제부터 그 문루 위에 가서 잠을 자도록 해라."

그리하여 길달은 매일 밤 그 문루 위에 올라가 잠을 잤다. 그래서 사람들은 그 문을 길달문(吉達門)이라고 불렀다.

그러던 어느 날, 아버지 임종에게 큰 불만을 갖고 있던 길달은 여우로 변신하여 도망갔다. 이를 알고 격노한 비형은 다른 도깨비들을 시켜 그를 잡아 죽였다. 그 때문에 귀신 무리는 비형의 이름만 들어도 무서워서 달아났다. 사람들은 글을 지어 비형의 힘과 공을 기렸다.

성스러운 제왕의 혼이 아들을 낳았으니
그곳이 바로 비형랑의 집이라네.
날고뛰는 잡귀의 무리야
이곳에는 아예 얼씬도 하지 마라.

지금도 민간에서는 이 글을 써 붙여 귀신을 물리치고 있다.

선덕여왕의
세 가지 예언

당나라 태종이 홍색·자색·백색 등 세 가지 색을 사용하여 그린 모란
그림과 그 씨 석 되를 보내왔다. 선덕여왕은 모란꽃 그림을 보고는
"이 꽃이 피면 틀림없이 향기가 없을 것이다"라고 말했는데, 과연 그
꽃에 향기가 없었다.

_권 1 기이 1, 선덕왕(善德王)의 지기삼사(知幾三事)

신라 제27대 덕만(德曼)의 시호는 선덕여대왕(善德女大王)
이다. 그녀의 성은 김씨이며, 아버지는 진평왕이다. 선덕여왕은
632년에 왕위를 올라 16년 동안 나라를 다스리며 앞일을 미리 예
견한 세 가지 일이 있었다.

그 첫 번째 예견은 모란꽃에서 비롯되었다.

당나라 태종이 홍색 · 자색 · 백색 등 세 가지 색을 사용하여 그
린 모란 그림과 그 씨 석 되를 보내왔다. 선덕여왕은 모란꽃 그림
을 보고는 말했다.

"이 꽃이 피면 틀림없이 향기가 없을 것이다."

여왕은 궁인들에게 그 씨를 뜰에 심도록 했다. 시간이 지나 모란이 꽃을 피웠다. 그런데 과연 꽃이 피었다가 떨어질 때까지 여왕이 말한 대로 한 번도 향기를 뿜지 않았다.

두 번째 예언은 개구리 울음소리 소문을 듣고 했다.

추운 겨울이었다. 영묘사(靈廟寺, 경주에 있는 절)의 옥문지(玉門池)에 겨울인데도 난데없이 많은 개구리가 몰려와 사나흘씩이나 울어댔다. 마을 사람들은 해괴한 일이라 여겨 왕에게 고했다. 왕은 이 사실을 접하고 급히 각간 알천과 필탄 등으로 하여금 날랜 군사 2천 명을 뽑아 서울의 서쪽 교외로 달려가게 했다.

"그곳에 가서 여근곡(女根谷)이라는 곳을 물어 찾아낸 다음 수색해보면 필시 적병이 숨어 있을 것이니 엄습하여 사살하라."

두 각간은 왕명을 받들어 각각 군사 1천 명씩을 거느리고 여근곡을 찾기 시작했다. 마침내 부산(富山) 아래에서 여근곡을 찾아냈는데, 과연 백제군 500여 명이 그곳에 매복해 있었다. 신라군은 이들을 모두 죽여 없앴다.

세 번째 예언은 자신의 신상에 관한 것이었다.

선덕여왕은 아무런 병도 앓지 않았는데, 어느 날 신하들을 불러 자신은 아무 해 아무 날에 죽을 것이라면서 말했다.

"내가 죽으면 도리천(忉利天) 속에 장사를 지내도록 하라."

신하들은 도리천이 어디 있는지 알지 못했다.

"그곳이 어디인지 알려주십시오."

여왕이 대답했다.

"도리천은 낭산(狼山) 남쪽에 있다."

예언했던 그날이 되자 과연 여왕은 숨을 거두었다. 신하들은 낭산의 양지바른 곳에 장사를 지냈다.

10여 년 뒤, 문무대왕은 선덕여왕의 능 아래에 사천왕사(四天王寺)를 세웠다. 불경에서 사천왕천은 수미산(須彌山, 불교 우주관에서 나온 것으로 세계의 중심에 있다고 하는 상상의 산)의 중턱에 있고, 그 바로 위에 도리천이 있다고 했다. 신하들은 이 사실을 상기하고서야 비로소 선덕여왕의 신령스러움을 통감했다.

선덕여왕 생전에 신하들은 모란꽃과 개구리에 관한 예언을 두고 어떻게 그런 사실을 알 수 있는지 물었다. 그때 여왕은 이렇게 대답했다.

"꽃을 그린 그림에 나비가 없는 것을 보고 향기가 없음을 알았다. 이것은 내가 배우자 없이 독신으로 지낸다는 것을 당나라 임금이 풍자하여 희롱한 것이다. 또한 개구리는 눈이 불거져 나와 성난 형상을 하고 있다. 이것은 바로 병사를 상징하는 것이다. 그리고 옥문이란 여자의 성기를 말하는 것이다. 여자는 음(陰)이고, 그 빛이 백색이며, 백색은 서쪽을 뜻하니 군사가 서쪽에 있음을 알 수 있었다.”

　왕의 말을 듣고 신하들은 그 슬기로움에 감복했다.

　당나라 임금이 세 가지 색깔의 꽃을 보낸 까닭은 신라에 세 여왕이 있을 것임을 예견한 거였는데, 선덕여왕·진덕여왕·진성여왕이 그들이었다. 이것으로 볼 때 당제(唐帝)도 선견지명이 있었다.

　선덕여왕이 영묘사를 세운 일에 관해서는《양지사전(良志師傳)》에 자세히 기록되어 있다. 별기(別記)에 이르기를 선덕여왕 때 돌을 다듬어 첨성대를 쌓았다고 한다.

세 여신이
김유신을 돕다

유신은 기꺼이 여인들의 부탁을 받아들여 함께 숲으로 들어갔다. 그 때 유신은 자신의 눈을 의심했다. 갑자기 여인들이 신령의 모습으로 변했던 것이다. 유신은 여인들 덕분에 백석이 적국의 첩자였음을 알고 그를 처형했다.

_권 1 기이 1, 김유신(金庾信)

김유신은 진평왕 17년, 서기 595년에 태어났다. 그는 칠요(七曜)의 정기를 받고 태어났기 때문에 등에 칠성(七星)의 무늬가 있었다. 그에게는 신기하고 기이한 일이 많았다.

나이 열여덟이 되던 임신년에 그는 검술을 익혀 화랑이 되었다. 이 무렵 백석(白石)이라는 자가 있었는데, 어디에서 왔는지는 알 수 없었으나 여러 해 동안 낭도의 무리에 속해 있었다. 유신랑은 고구려와 백제를 치기 위해 밤낮으로 궁리를 거듭하고 있었다. 그때 백석은 유신이 걱정하는 바를 눈치채고 말했다.

"저와 함께 저쪽 적국에 들어가 정탐을 한 후에 일을 꾀하는 것이 어떻겠습니까?"

유신은 백석의 의견을 따르기로 했다.

두 사람은 밤을 택해 길을 떠났다. 그렇게 길을 걷던 중 잠시 고개 위에서 쉴 때였다. 두 사람의 뒤를 밟아 온 여인 두 사람이 다가왔다.

그날 밤, 유신 일행은 골화천(骨火川, 지금의 영천)에서 묵게 되었다. 여장을 풀고 쉬는데 또 한 여자가 홀연히 나타났다.

유신과 백석은 세 여자와 이야기를 나누었다. 그렇게 이야기를 나눌 때 여인들은 유신에게 맛있는 과일을 바쳤다. 유신은 그것을 받아먹으면서 서로 마음을 터놓고 즐겁게 담소하기에 이르렀다. 그때 한 여인이 유신에게 은밀히 말했다.

"잠시 저 백석을 떼어놓고 저희와 함께 저쪽 숲으로 들어가서 이야기를 나누었으면 합니다."

유신은 기꺼이 여인들의 부탁을 들어주었다. 네 사람이 함께 숲으로 들어갔을 때 유신은 자신의 눈을 의심하지 않을 수 없었다. 갑자기 여인들이 신령의 모습으로 변했기 때문이다.

"대체 이것이 어찌 된 일입니까?"

유신이 놀라며 묻자 여인들 중 하나가 대답했다.

"우리는 나림(奈林, 지금의 경주 낭산), 혈례(穴禮, 지금의 청도 오리산),

골화(骨火, 지금의 영천 금강산) 세 곳의 호국신(護國神)이오. 지금 적국의 사람이 그대를 유인하여 데려가는데도 그대는 그 사실을 모른 채 줄곧 따라가고 있소. 그래서 우리가 알려주려고 따라왔던 것이오."

이 말을 마치자마자 세 호국신은 자취를 감췄다. 유신은 호국신의 말을 듣고 너무 놀라 잠시 쓰러졌다가, 이내 몸을 추스르고 일어나 절을 두 번 올렸다.

숲에서 나온 유신은 다시 백석이 머물고 있는 방으로 돌아가 말했다.

"깜빡 잊고 긴요한 문서를 안 가지고 왔으니, 다시 집으로 돌아가서 가지고 와야 할 것 같구나."

그리하여 집으로 돌아온 유신은 곧바로 백석을 결박한 뒤 문초했다. 이내 백석이 말했다.

"나는 고구려 사람이다. 우리나라의 대신하들에게 나는 이런 말을 들었다. 신라 김유신은 원래 고구려의 점쟁이 추남(楸南)이라는 말이었다. 한번은 나라의 경계에 있는 하천물이 거꾸로 흘러 역류하는 일이 벌어졌다. 그래서 왕은 추남에게 점을 치게 했다."

백석의 말은 다음과 같은 내용으로 계속 이어졌다.

점을 치라는 왕의 명령을 받은 추남은 이렇게 결과를 고했다.

"대왕의 부인께서 남녀 간의 성교를 거꾸로 행했기 때문에, 즉

음양의 도를 역행했기 때문에 이러한 기운이 나타난 것입니다."

이 말에 왕이 놀란 것은 물론이고 왕비 또한 몹시 노하여 소리쳤다.

"저놈은 필시 요사한 여우인데 잠시 둔갑하여 사람의 말을 하고 있는 것이다!"

그런 다음 왕에게 청하기를 다른 일을 가지고 점을 보게 하여 점괘가 맞지 않으면 중형에 처해달라고 했다. 왕은 왕비의 말을 받아들여 쥐 한 마리를 함에 감추어두고 그 안에 무엇이 들어 있는지 물었다. 추남은 망설이지 않고 대답했다.

"함 안에는 쥐가 들어 있는데, 모두 여덟 마리입니다."

왕은 즉시 함을 열어 보이며 말했다.

"쥐가 들어 있기는 하나 수가 여덟은 아니니, 너는 죽음을 면치 못할 것이다."

왕은 즉시 추남을 형장으로 끌고 가라 명했다. 그러자 추남이 분함을 참지 못하고 노기 띤 얼굴로 말했다.

"내가 죽은 후에 반드시 다른 나라의 총수가 되어 고구려를 멸망시킬 것이오!"

추남은 그 자리에서 처형됐다. 그가 죽은 후 함 속에 들어 있던 쥐의 배를 갈라보니 과연 새끼 일곱 마리가 들어 있었다. 추남의 말이 맞았던 것이다.

그 일이 있고 난 뒤 어느 날 밤, 왕은 꿈에서 추남이 신라 서현 공 부인의 품속으로 들어가는 것을 보았다. 이튿날 왕은 여러 신 하를 불러놓고 간밤의 꿈에 대해 물어보았다. 그러자 신하들이 입을 모아 말했다.

"추남이 맹세를 하고 죽더니 과연 그 맹세를 이루려나 봅니다."

그러한 까닭에 고구려에서는 백석을 신라로 보내 김유신을 잡 아 오라고 했다는 것이다.

백석의 말을 다 듣고 난 뒤 김유신은 그를 처형했다. 그리고 온 갖 음식을 갖추어 자신을 위기에서 구해준 세 호국신에게 제를 올렸다.

태종 춘추공

어느 날, 문희의 언니인 보희가 서악에 올라가 오줌 누는 꿈을 꾸었다. 그런데 그녀가 눈 오줌이 서울에 가득 찼다.

_권 1 기이 1, 태종(太宗) 춘추공(春秋公)

신라 제29대 태종대왕(太宗大王)의 이름은 춘추이고, 성은 김씨이며, 무열왕(武烈王)이라고도 한다. 그는 문흥대왕의 아들이며, 어머니는 진평대왕의 딸인 천명부인(天明夫人)이다.

춘추공은 김유신과 함께 뛰어난 지혜와 용맹함으로 삼국을 통일하여 큰 업적을 남겼다. 그 까닭에 사직에 묘호를 태종이라 하였다.

그의 비는 문명황후 문희였는데, 바로 김유신의 누이동생이었다. 태종이 아직 문희를 아내로 맞아들이기 전의 일이다.

어느 날, 문희의 언니인 보희가 서악(西岳)에 올라가 오줌 누는 꿈을 꾸었다. 그런데 그녀가 눈 오줌이 서울에 가득 찼다.

이튿날, 보희는 그 꿈 얘기를 문희에게 들려주었다. 그랬더니 문희가 깜짝 놀라며 말했다.

"언니, 내가 그 꿈을 사겠어요."

언니는 대수롭지 않게 여기며 가벼이 말했다.

"내 꿈을 주면 너는 무엇을 주겠니?"

"비단치마를 주겠어요."

언니는 흔쾌히 승낙한 뒤 동생에게 말했다.

"자, 내 꿈을 줄 테니 가져가거라."

문희는 치마폭을 넓게 벌려 언니의 꿈을 받았다.

그로부터 열흘이 지났다. 김유신은 춘추공과 함께 자기 집 앞에서 축국을 즐기고 있었다. 그때 김유신은 짐짓 춘추공의 옷을 밟아 고름을 떨어뜨린 뒤 이렇게 청했다.

"잠시 내 집에 들어가서 옷고름을 달도록 합시다."

춘추공은 김유신의 말에 순순히 따랐다. 집으로 들어온 김유신은 아해(보희)를 불러 춘추공의 옷고름을 꿰매주라고 일렀다. 그러자 아해는 가볍게 고개를 저으며 사양했다.

"어찌 그 같은 사소한 일로 가벼이 귀공자를 가까이한단 말입니까?"

김유신은 이번에는 아지(문희)에게 부탁해 춘추공의 옷고름을 달아주게 했다. 춘추공은 이내 김유신의 뜻을 알아챘다.

　춘추공은 마침내 문희와 관계를 가졌다. 그 후 춘추공은 자주 김유신의 집을 드나들었다.

　어느 날, 김유신은 누이동생이 임신한 사실을 알고 짐짓 꾸짖었다.

　"부모님도 모르게 임신을 하다니? 도대체 어찌 된 일이냐?"

　그런 다음 온 나라에 이 사실을 퍼뜨려 누이동생을 불태워 죽이겠노라 한껏 으름장을 놓았다.

　어느 날, 선덕여왕이 남산으로 산책을 나간다는 사실을 미리 안 김유신은 자기 집 뜰에 나무를 가득 쌓은 다음 불을 질렀다. 선덕여왕은 대번에 그 연기를 알아보았다.

　"저 연기가 웬 것인가?"

　옆에서 수행하던 신하가 아뢰었다.

　"아마도 김유신이 자기 누이를 불태워 죽이려고 하나 봅니다."

　"죽이다니? 무슨 사연이 있는 것이냐?"

　"예. 그의 누이가 남편도 없이 몰래 임신하였기 때문입니다."

　여왕은 다소 놀란 표정으로 말했다.

　"도대체 그게 누구의 소행이냐?"

　그때 춘추공은 왕을 수행하며 곁에 있었는데, 여왕의 물음에 얼굴색이 크게 변했다. 여왕은 벌겋게 달아오른 춘추공의 얼굴을 보며 꾸짖듯 말했다.

"필시 그대의 소행인 것 같구려. 속히 가서 죄 없는 여인을 구하도록 하시오."

춘추공은 왕명을 받들어 말을 타고 김유신의 집으로 향했다. 그렇게 춘추공은 김유신의 누이동생 문희와 정식으로 혼례를 올렸다.

만파식적

이 피리를 불면 적병이 물러가고 병이 나으며, 가뭄 때에는 비가 내리고 홍수 때에는 맑아졌다. 또한 폭풍 때에는 바람이 가라앉고 태풍이 몰아칠 때에는 물결이 잔잔해졌다.

_권 2 기이 2, 만파식적(萬波息笛)

신라 제31대 신문왕(神文王)의 이름은 정명(政明)으로, 성은 김씨이다. 그는 681년 7월 7일에 왕이 되었다.

신문왕은 아버지 문무왕(文武王)을 위하여 동해 바닷가에 감은사(感恩寺, 경북 월성군에 있었던 절)를 세웠다. 감은사에 대한 기록에 따르면 이러하다.

문무왕이 왜병을 진압하기 위해 이 절을 짓기 시작했으나, 완공을 못 본 채 눈을 감아 바다의 용이 되었다. 그래서 아들인 신문왕이 682년에 그 절을 완공한 뒤 금당 돌계단 아래에 동쪽으로 구멍 하나를 뚫어두었다. 그것은 용이 절로 들어와 돌아다니게 하기 위함이었다. 문무왕의 유언에 따라 유골을 간직한 곳을 대왕암(大王岩)이라 했고, 절 이름은 감은사라고 했으며, 후에 용이 나타난 것을 본 곳은 이견대(利見臺)라고 했다.

절을 지은 이듬해 5월 초하루였다.

해관(海官, 바다를 보고 점을 치는 관리) 파진찬(波珍飡, 신라 시대의 17등 관계 중 네 번째 관등) 박숙청이 왕에게 아뢰었다.

"동해에 있는 작은 산 하나가 바다에 떠서 감은사를 향하여 오고 있는데, 물결이 일어 왔다 갔다 하고 있습니다."

신문왕은 이상히 여겨 일관(日官, 길일을 잡는 사람) 김춘질에게 점을 치게 했다. 일관이 점을 친 뒤 고했다.

"거룩하신 선왕께서 지금 해룡(海龍)이 되시어 삼한의 난을 진압하고 계시는 것입니다. 또한 하늘나라의 김유신공도 지금 인간 세계로 내려와 신하가 되어 있습니다. 이 두 성인께서 덕을 함께하여 이 나라를 지킬 보물을 내려주려고 하시는 것이니, 왕께서 바닷가로 나가신다면 값으로는 따질 수 없는 큰 보물을 얻을 것입니다."

신문왕은 크게 기뻐하며 그 달 7일에 이견대로 나갔다. 신문왕은 멀리 있는 그 산을 바라보다 사자를 보내 살펴보도록 했다.

사자가 다가가서 산을 살펴보니 마치 거북의 머리 형상을 하고 있었다. 그리고 그 위에는 대나무 한 그루가 있었는데, 낮에는 두 갈래가 되었다가 밤이 되면 하나로 합해졌다.

사자는 왕에게 돌아와 이 사실을 아뢰었다. 신문왕은 그날 감은 사에서 묵었다.

이튿날 점심때가 되니, 대나무가 합쳐져 하나가 되었다. 그러자 천지가 진동하고 바람과 비가 몰아치더니 7일 동안 줄곧 캄캄한 상태가 이어졌다. 그러다가 그달 16일이 되어서야 바람이 잦아지고 파도가 잔잔해졌다. 신문왕은 배를 타고 그 산으로 들어갔다. 그랬더니 용이 나타나 검은 옥띠를 받들어서 왕에게 바쳤다. 신문왕은 용을 맞이한 다음 마주 앉아 물었다.

"이 산에 있는 대나무가 갈라지기도 하고 합쳐지기도 하는데, 무슨 까닭인가?"

용이 대답했다.

"그것은 한 손으로 치면 소리가 나지 않고 두 손으로 치면 소리가 나는 이치와 같습니다. 이 대나무라는 것도 합쳐진 후에야 소리가 납니다. 성왕께서는 소리로써 세상을 다스리게 될 것입니다. 이것은 아주 좋은 징조입니다. 왕께서 이 대나무를 취하여 피리를 만들어 불면 천하가 화평해질 것입니다. 지금 왕의 아버님께서는 바다의 큰 용이 되셨고, 김유신공은 다시 하늘의 신이 되었는데, 두 성인이 마음을 하나로 합쳐 저를 시켜 대왕께 이 보물을 전하라 하신 것입니다."

신문왕은 놀라우면서도 기쁘기 그지없었다. 신문왕은 감사의 표시로 오색 비단과 금과 옥을 용에게 주고, 사자를 보내 그 대나무를 베어 오도록 했다. 대나무를 싣고 바다에서 나오니 산과 용이 홀연히 사라져 보이지 않았다.

신문왕은 그날 감은사에서 쉰 다음, 17일에 지림사의 서쪽 시냇가에 이르러 어가(御駕)를 멈추고 점심 식사를 했다. 이때 태자 이공(훗날 효소왕)이 대궐을 지키고 있다가, 이 소식을 듣고 말을 부려 달려왔다.

태자는 우선 왕에게 하례하고는 천천히 옥대를 살폈다.

"아바마마, 이 옥대의 모든 마디마디는 정말 용입니다!"

신문왕이 깜짝 놀라 물었다.

"네가 그것을 어찌 아느냐?"

"이 마디 하나를 떼어서 물에 넣어보겠습니다."

태자는 옥대 마디 하나를 떼어 시냇물에 넣었다. 그러자 그 마디는 이내 용으로 변해 하늘로 올라갔다. 그리고 그 시내는 곧 큰 못이 되었다. 그리하여 그 못을 용연(龍淵)이라고 불렀다.

신문왕은 궁으로 돌아와 가져온 대나무로 피리를 만들어 월성 천존고(天尊庫)에 보관했다.

이 피리를 불면 적병이 물러가고 병이 나으며, 가뭄 때에는 비가 내리고 홍수 때에는 맑아졌다. 또한 폭풍 때에는 바람이 가라 앉고 태풍이 몰아칠 때에는 물결이 잔잔해졌다. 그래서 이 피리 를 '만파식적'이라 부르고 국보로 삼았다.

수로부인을 위한
헌화가와 해가

한 노인이 암소를 몰고 지나가다가 꽃을 꺾어달라는 수로부인의 말을 듣게 되었다. 노인은 곧장 벼랑으로 기어 올라가더니 꽃을 꺾어 와 노래를 지어 바쳤다.

_권 2 기이 2, 수로부인(水路夫人)

신라 제33대 성덕왕 때 순정공(純貞公)이라는 덕이 높은 관리 한 사람이 있었다. 그에게는 수로라는 부인이 있었는데, 그 용모가 대단히 아름다웠다. 그는 부인 때문에 늘 애를 태우며 살았다. 부인이 너무 아름다워 혹시 신의 제물이라도 될까 봐 두려웠기 때문이다.

어느 해 봄, 순정공이 강릉태수로 부임하는 길에 바닷가가 바라보이는 곳에서 점심을 먹게 되었다. 주위에는 수려한 바위 봉우리가 병풍처럼 서 있었는데, 그 높이가 천 길이나 되었다. 그 위에는 고운 철쭉꽃이 만발해 있었다. 수로부인이 그 풍광에 감탄하며 말했다.

"정말 아름다운 경치구나! 누가 저 봉우리 위에 핀 꽃을 꺾어다 주지 않겠는가?"

그 말에 하인들은 모두 발뺌을 했다.

"저렇게 높은 곳은 사람의 발길이 닿기 어렵습니다."

그때 한 노인이 암소를 몰고 그곳을 지나가다가 부인의 말을 듣게 되었다. 노인은 곧장 벼랑으로 기어 올라가더니 꽃을 꺾어 와 노래를 지어 바쳤다.

> 자줏빛 바위는 잡은 암소 놓게 하시고,
> 나를 부끄러워하지 않으신다면
> 이 꽃을 꺾어 바치오리다.

노인이 수로부인에게 지어 바친 노래는 '헌화가(獻花歌)'라고 하는데, 그 노인이 누구인지는 알지 못한다.

노인은 꽃을 꺾어 바친 뒤 홀연히 사라졌다. 그가 몰고 왔던 암소도 연기처럼 사라지고 보이지 않았다.

순정공 일행이 임지를 향해 이틀을 걸었고, 바다가 보이는 어느 정자에 이르렀다. 점심을 먹을 때였는데, 갑자기 바다에서 용이 나타나 부인을 끌고 바닷속으로 들어가버렸다. 순정공은 속수무책으로 땅을 치며 주저앉았다. 그때 또 한 노인이 나타나서 말했다.

"옛사람이 말하기를 중구삭금(衆口鑠金, 여러 사람의 말은 쇠도 녹인다)이라 하였으니, 바닷속의 짐승이 어찌 여러 사람을 두려워하지 않겠습니까? 그러니 마을 사람들을 불러 노래를 부르면서 지팡이로 언덕을 치게 하면 부인을 찾을 수 있을 것입니다."

순정공은 노인의 말을 그대로 따라 했다. 마을 사람들은 지팡이로 땅을 치며 이런 노래를 불렀다.

거북아, 거북아! 수로부인을 내놓아라.
남의 부인 앗아간 죄 얼마나 큰가.
만약 거역하고 내놓지 않으면
그물로 잡아 구워 먹으리.

이 노래를 '해가(海歌)' 또는 '해가사(海歌詞)'라고 한다.

그렇게 노래를 부르니 정말 바다에서 용이 수로부인을 등에 태우고 나타나 순정공에게 바쳤다. 이와 때를 맞춰 이번에도 노인은 연기처럼 자취를 감췄다.

순정공이 수로부인을 반갑게 맞으며 바닷속에서 일어난 일을 물었다. 그러자 부인이 대답했다.

"칠보(七寶)로 장식된 궁전은 너무 아름답고 웅장했습니다. 또한 그곳에서 먹은 음식은 달고 향기로웠는데 인간 세상의 음식은 아니었습니다."

순정공이 부인의 몸에서 나는 기이한 냄새를 맡아보았는데, 과연 인간 세상에는 없는 향기였다.

수로부인이 번번이 깊은 산이나 큰 못을 지날 때마다 신물(神物)들에게 잡혀가곤 했는데, 이는 부인의 용모가 세상에서 견줄 이가 없었던 탓이다.

충담사의
찬기파랑가와 안민가

스님은 다 해진 승복에 너덜너덜한 삼태기를 걸머지고 남쪽에서부
터 걸어오는 중이었다. 경덕왕은 그 스님을 보자 만면에 희색이 가득
하여 직접 내려가 맞이했다.

_권 1 기이 2, 경덕왕(景德王)·충담사(忠談師)·표훈대덕(表訓大德)

경덕왕이 나라를 다스린 지 24년째 되는 해의 3월 3일이
었다. 왕은 귀정문(歸正門)이라는 누각에 올라 백성들이 하루를
즐기는 모습을 구경하고 있었다.

신라에서는 음력 3월 3일, 즉 삼짇날이 되면 온 백성과 임금이
산과 들로 나가 함께 하루를 즐기는 풍속이 있었다. 삼짇날은 강
남에 간 제비가 돌아와 추녀 밑에 집을 짓는다는 때인데, 이날 머
리를 감으면 머리카락이 물 흐르듯 아름다워진다고 하여 부녀자
들은 앞다투어 머리를 감곤 했다.

한편, 경덕왕이 나라를 다스려오는 동안 가끔 오악(五嶽, 토함산, 지리산, 계룡산, 태백산, 팔공산)과 삼산(三山, 경주 낭산, 영주 금강산, 청도 부산)의 신들이 궁궐의 뜰에 나타나곤 했다고 한다.

경덕왕은 백성들이 노는 광경을 흡족하게 지켜보다가 문득 신하들에게 말했다.

"오늘같이 즐거운 날, 덕이 높은 스님이 한 말씀 들려주면 더욱 좋겠구나. 누가 가서 큰스님 한 분을 모셔오도록 하라."

그때 마침 큰스님이 매끈하게 승복을 갖춰 입은 채 길을 걸어가고 있었다. 신하들은 얼른 내려가서 그를 데려왔다. 왕은 고개를 저으며 말했다.

"내가 보고자 하는 스님은 저런 스님이 아니니 돌려보내라."

조금 뒤에 다시 스님 한 사람이 길을 걸어갔다. 그 스님은 다 해진 승복에 너덜너덜한 삼태기를 걸머지고 남쪽에서부터 걸어오는 중이었다.

경덕왕은 그 스님을 보자 만면에 희색이 가득하여 직접 내려가 맞이했다. 스님의 조금 열려진 삼태기 안에는 다구(茶具)만이 가득했다.

경덕왕이 스님에게 물었다.

"그대는 누구인가?"

"저는 충담(忠談)이라고 합니다."

"오, 그렇소? 그대가 충담이란 말이오?"

왕은 다소 놀라는 표정이었다.

충담에 대한 명성을 익히 들어오던 터였기 때문이다. 충담은 일전에 화랑 기파랑(耆婆郎)을 추모하는 '찬기파랑가(讚耆婆郎歌)'를 지은 고승이었다.

다음은 충담사가 지은 찬기파랑가이다.

　　　흐느끼며 바라보매

　　　구름을 헤치고 나타난 달이

　　　흰 구름을 쫓아 떠가는 것이 아닌가.

　　　새파란 냇물 속에

　　　기파랑의 모습이 잠겼구나!

　　　일오천(逸烏川) 조약돌에서

　　　낭(郎)이 지니신 뜻을 따르려 하네.

　　　아, 잣가지 드높아

　　　서리 모를 씩씩한 모습이여!

경덕왕은 그가 충담사라는 사실을 알고 더욱 기뻐했다.

"그래, 지금 어디에서 오는 중이오?"

"저는 삼월 삼짇날과 구월 중양절(重陽節, 음력 9월 9일)이면 차를 달여서 남산의 미륵불께 올립니다. 오늘도 미륵불께 차를 드리고 오는 길입니다."

왕이 고개를 끄덕이며 다시 물었다.

"그렇다면 내게도 그 차를 한 잔 줄 수 있겠소?"

"예, 물론입니다."

충담은 삼태기에서 다기를 꺼내 차를 달인 뒤 바쳤다. 차 맛이 예사롭지 않았으니, 이상한 향기가 오래도록 입안에서 감돌았다. 차를 다 마시고 경덕왕이 말했다.

"내가 듣건대 기파랑을 찬미하여 지은 사뇌가(思腦歌, 향가의 다른 명칭)의 뜻이 매우 높다 하던데 과연 그 말이 맞소?"

"예, 그렇습니다."

"오, 그렇다면 오늘처럼 즐거운 날, 나를 위해 노래를 한 수 지어주겠소? 백성을 잘 다스려 편안한 세상을 이룩하기를 기원하는 노래이면 더욱 좋겠소."

충담은 경덕왕의 명을 받들어 노래를 지어 바쳤다.

그때 지은 노래가 '안민가(安民歌)'인데, 다음과 같다.

임금은 아버지요, 신하는 어머니라.

백성을 즐거운 아이로 여기시니

백성은 그 사랑을 알리라.

구물거리며 사는 물생(物生)들

이를 먹여 다스리니

이 땅을 버리고 어디로 가겠는가.

결국 나라가 유지되는 그 고마움을 알리라.

아, 임금은 임금답게,

신하는 신하답게,

백성은 백성답게 한다면

나라가 태평하리라.

경덕왕은 이 노래를 지은 충담사에게 보답으로 왕사(王師, 왕의 스승)의 직위를 내렸다. 그러나 충담사는 두 번 거듭 절을 하고는 사양하여 받지 않았다.

여자가 남자로 바뀌어
태어난 죄

원래 여자로 태어났어야 할 혜공왕이 남자로 바뀌어 태어났기 때문에, 그는 돌 때부터 왕위에 오르는 날까지 늘 여자들의 놀이를 하며 자랐다. 혜공왕은 어려서 여자들처럼 비단주머니 차기를 좋아했다.

_권 1 기이 2, 경덕왕(景德王)·충담사(忠談師)·표훈대덕(表訓大德)

경덕왕은 옥경(玉莖)의 길이가 여덟 치나 되었다. 경덕왕의 왕비는 오랫동안 잉태를 하지 못해 폐한 뒤 사량부인(沙梁夫人)으로 봉했다.

그 뒤 맞이한 둘째 왕비 만월부인(滿月夫人)은 시호가 경수태후이며, 의충(依忠) 각간의 딸이었다. 하지만 만월부인도 오랫동안 아들을 낳지 못했다. 경덕왕의 근심은 이만저만이 아니었다.

경덕왕은 생각 끝에 의상(義湘)대사의 제자로서 덕이 높기로 이름난 표훈대덕을 불렀다.

"내가 복이 없어 아직 대를 이을 아들을 얻지 못하고 있으니, 그대가 하늘의 상제(上帝)께 청하여 아들을 낳게 해주시오."

왕의 명을 받은 표훈대사는 구름을 타고 하늘로 올라가 경덕왕의 딱한 사정을 고했다.

하늘에 다녀온 후 표훈대사가 상제의 말을 전했다.

"상제께서 말씀하시기를 아들은 안 되고 딸을 내려줄 수 있다고 하셨습니다."

아이를 얻을 수 있다는 말이었지만, 경덕왕은 그리 기뻐하지 않았다.

"나는 대를 이을 아들이 필요하오. 혹시 딸을 아들로 바꾸어 점지해주실 수는 없는지 다시 여쭈어주시오."

표훈대사가 다시 하늘로 올라가 청하자 상제가 말했다.

"청을 들어줄 수는 있지만, 그리하면 훗날 나라가 위태로워질 것이다."

이야기를 다 듣고 다시 하계로 내려가려 하자 상제가 표훈대사를 불러 말했다.

"하늘과 사람의 일은 엄연히 다르거늘 그대는 천상(天上)을 마치 이웃 마을 왕래하듯 하며 천기를 누설하고 있다. 그러니 앞으로는 다시 이곳을 찾아오지 말라."

표훈대사가 하계로 내려와 경덕왕에게 상제의 말을 전했다.

"딸을 아들로 바꾸면 나라가 위태로워진다고는 하셨지만, 지금 으로서는 어쩔 수 없는 일이오. 나는 아들을 낳아 내 뒤를 잇게 할 것이오."

그 후 만월왕후가 태자를 낳았다.

세월이 흘러 태자가 여덟 살 되던 해, 경덕왕이 세상을 떠나자 태자가 왕위에 올랐다. 그가 바로 혜공왕(惠恭王)이다.

그러나 너무 일찍 왕위에 오른 혜공왕은 정치 일선에 나서지 못 하고, 뒤에서 태후가 정사를 돌보았다. 그렇다 보니 나라가 잘 다 스려질 리 없었다. 나라 안에는 온통 도둑이 들끓었다.

원래 여자로 태어났어야 할 혜공왕이 남자로 바뀌어 태어났기 때문에, 그는 돌 때부터 왕위에 오르는 날까지 늘 여자들의 놀이 를 하며 자랐다. 혜공왕은 어려서 여자들처럼 비단주머니 차기를 좋아했다.

결국 나라에 큰 난리가 생겨 마침내 선덕왕(제37대 왕)에게 죽임 을 당했다. 변고가 있을 것이라는 상제의 경고가 그대로 들어맞 은 셈이다.

또한 표훈대사 이후로는 신라에 성인이 나타나지 않았다고 한 다. 이 점 역시 과거에 표훈대사가 천기를 누설한 죄가 있었기 때 문이라고 한다.

혜공왕 때 있었던 변괴들

궁궐의 뜰 가운데 별 두 개가 떨어지고 이내 또 한 개가 더 떨어지니, 세 개의 별이 모두 땅속으로 들어갔다. 이보다 앞서 궁의 북쪽 뒷간에서는 두 줄기의 연이 생겨났고, 봉성사의 밭 가운데에서도 연이 피었다.

_권 2 기이 2, 혜공왕(惠恭王)

여자로 태어나야 할 운명이었던 혜공왕은 상제의 힘을 빌려 남자로 태어났다. 그래서 그런지 혜공왕 때에는 나라에 여러 기이한 일이 일어났다.

서기 766년, 혜공왕 2년에 강주(康州, 지금의 진주) 지방의 동쪽 땅이 점점 가라앉더니 급기야 연못이 하나 생겼다. 그 크기는 세로가 13척, 가로가 7척이었다. 그런데 그 연못에 있던 잉어 대여섯 마리가, 어느 날부터인가 점점 커지더니 연못도 따라서 넓어졌다.

서기 767년, 혜공왕 3년에는 천구성(天狗星, 재해의 징조로 나타난다는 별)이 동루(東樓)의 남쪽에 떨어졌다. 머리는 항아리처럼 생겼고 꼬리는 3자가량이나 되었다. 그 빛은 활활 타는 불과 같았으니, 천지가 진동했다. 또 이 해에 금포현의 5경(頃)가량의 논에서 쌀이 모두 이삭을 이루어 매달렸으며, 7월에는 북궁의 뜰 가운데 별 두 개가 떨어지고 이내 또 한 개가 더 떨어지니, 세 개의 별이 모두 땅속으로 들어갔다.

이보다 앞서 궁의 북쪽 뒷간에서는 두 줄기의 연(蓮)이 생겨났고, 봉성사의 밭 가운데에서도 연이 피었다. 또한 호랑이 한 마리가 궁성 안에 들어왔는데, 잡으려고 쫓아갔더니 이내 사라져 놓쳐버렸다. 그리고 각간 대공(大恭)의 집에 있는 배나무 위에 무수히 많은 참새가 모여들었다.

서기 768년, 《안국병법(安國兵法)》 하권에 이르기를 이러한 변괴가 나타날 때에는 천하에 큰 병란이 일어난다고 했다. 그래서 혜공왕은 많은 죄수를 사면하고 자성(自省)하였다.

7월 3일에 각간 대공이 반란을 일으키고, 서울과 여러 지방의 각간들이 서로 싸우는 탓에 나라가 크게 어지러웠다. 결국 대공이 죽고 그 집안이 망해 그의 재산과 보물 등을 모두 왕궁으로 옮겼다. 또한 다른 역도들의 재물과 곡식도 왕궁으로 실어 날랐다.

난리는 석 달 만에 그쳤는데, 사상자가 많았다.

예전에 표훈대사가 하늘에 갔을 때 상제가 한 말, 즉 여자가 남자로 태어나 왕이 된다면 훗날 나라가 위태로워지리라고 한 것은 이를 두고 한 말이었다.

흥덕왕과 앵무새

수컷은 거울 속의 제 그림자를 보고 자기 짝을 얻은 줄 알고 기뻐하며 거울을 쪼아댔다. 그러나 시간이 흐르자 거울에 비친 모습이 자기 것임을 깨닫고는 다시 슬피 울었다. 수컷은 결국 울다 지쳐 죽었다.

_권 2 기이 2, 흥덕왕(興德王)과 앵무새

신라 제42대 흥덕왕은 서기 826년에 즉위했다. 왕위에 오른 지 얼마 되지 않아 당나라에 사신으로 갔던 신하 하나가 돌아오는 길에 앵무새 한 쌍을 가지고 왔다. 신하는 그 앵무새를 흥덕왕에게 바쳤다.

흥덕왕은 앵무새를 정성을 다해 보살폈다. 하지만 얼마 안 가 암컷이 시들하더니 이내 죽고 말았다. 홀로 남은 수컷은 슬피 울기를 그치지 않았다. 먹이도 먹지 않고 하루 종일 울기만 했다.

어느 날, 왕은 사람을 시켜 슬퍼하는 수컷 앵무새 앞에 거울을 걸어놓도록 했다. 그랬더니 수컷은 거울 속의 제 그림자를 보고는 자기 짝을 얻은 줄 알고 기뻐하며 거울을 쪼아댔다. 그러나 시간이 흐르자 거울에 비친 모습이 자기 것임을 깨닫고는 다시 슬피 울었다. 결국 수컷은 울다 지쳐 죽었다.

홍덕왕은 수컷의 삶이 가엾어 노래 한 수를 지었는데, 그 가사는 알 길이 없다.

三國遺事 ── 흥덕왕

처용랑과 역신

처용의 아내는 매우 아름다웠다. 그래서 역신이 그녀를 탐냈다. 역신은 밤마다 사람으로 변신하여 처용의 집에 몰래 들어가 그의 아내와 동침하곤 했다.

_권 2 기이 2, 처용랑(處容郞)과 망해사(望海寺)

신라 제49대 헌강왕(憲康王) 때는 서울에서 지방에 이르까지 집과 담이 이어져 있고, 초가는 하나도 없을 정도로 번성했다.

길거리에는 풍악과 노랫소리가 끊이지 않았고, 바람과 비는 철마다 순조로웠다.

이런 태평한 세월을 맞아 헌강왕은 개운포(開雲浦, 지금의 울산)에 놀이를 나와 물가에서 즐기고 있었다. 그런데 놀이를 마치고 환궁하려는데, 갑자기 어디선가 구름과 안개가 자욱하게 몰려왔다. 맑았던 하늘이 순식간에 밤처럼 어두워졌다. 헌강왕이 괴이하게 여겨 물었더니, 하늘의 일기를 관찰하는 일관이 아뢰었다.

"이것은 동해 용왕이 심술을 부렸기 때문입니다. 뭔가 좋은 일을 베풀겠다고 약속을 하면 어둠을 거둬 갈 것입니다."

일관의 말을 믿고 왕이 말했다.

"좋다. 용왕을 위해 이 근처에 절을 짓도록 할 것이다."

왕의 말에 거짓말처럼 구름과 안개가 걷혔다. 이 일로 말미암아 지명이 개운포가 되었다. 눈 깜짝할 사이에 어둠과 밝음이 교차하는 신비한 광경을 목격한 헌강왕은 또 한 번 자연의 조화에 놀랐다. 별안간 바닷물이 갈라지더니 그 사이에서 동해 용왕이 자신의 일곱 아들을 거느리고 나타난 것이다.

용왕과 일곱 아들은 헌강왕 앞에서 왕덕(王德)을 찬양하는 노래를 부르고 춤을 추었다. 그런데 헌강왕이 용왕의 일곱 아들을 바라보다가, 그중에서 한 아들이 마음에 들었다. 왕이 그 아들의 이름을 물으니 처용(處容)이라고 대답했다.

헌강왕은 처용을 데리고 서라벌로 돌아와 벼슬자리를 주고 정사를 돕도록 했다. 또한 아름다운 여인을 그의 아내로 삼게 했다. 이러한 일련의 일들은 처용의 마음을 잡아두기 위한 것이었다.

처용의 아내는 매우 아름다웠다. 그래서 역신(疫神, 마마 등 질병을 퍼뜨리는 귀신)이 그녀를 탐냈다. 역신은 밤마다 사람으로 변신하여 처용의 집에 몰래 들어가 그의 아내와 동침하곤 했다.

어느 날, 처용이 밖에서 돌아와보니 다른 남자가 아내와 잠자리를 함께하고 있었다. 그 모습을 본 처용은 노래를 지어 부르며 춤을 추면서 물러나왔다. 그 노래가 바로 '처용가(處容歌)'이다.

동경(東京) 밝은 달 아래, 밤늦게 노닐다가
들어와 자리를 보니, 다리가 넷이어라.
둘은 내해인데, 둘은 뉘해인고,
본디 내해다마는, 빼앗겼으니 어이하리.

이 노래를 들은 역신은 본래의 모습을 드러낸 뒤 처용 앞에 무릎을 꿇고 말했다.

"제가 공의 아내를 사모하여 몹쓸 짓을 저질렀으나, 공은 얼굴색 하나 변하지 않은 채 노여움을 나타내지 않으니, 그 넓은 마음에 참으로 감복했습니다. 이 자리에서 맹세컨대 이제부터는 공의 모습이 그려진 그림만 봐도 그 집 문 안으로는 절대 들어가지 않겠습니다."

그 뒤 신라 사람들 사이에는 처용의 형상을 그려 문에 붙이는 풍습이 생겼는데, 이는 사악한 귀신을 물리치고 경사로운 일을 맞아들이기 위함이었다.

억울하게 죽을 뻔한 왕거인

왕거인은 난세를 맞이하여 초야에 묻혀 조용히 글을 읽으며 지내던 당대의 문인이었다. 그런데 난데없이 나라를 비방하는 글을 지었다는 죄를 뒤집어쓰고 옥살이를 하는 처지가 되고 말았다.

_권 2 기이 2, 진성여대왕(眞聖女大王)과 거타지(居陀知)

신라 제51대 진성여왕은 제50대 정강왕(定康王)의 누이동생이었는데, 정강왕이 아들이 없자 그녀에게 왕위가 돌아가면서 신라의 세 번째 여왕이 되었다.

그녀는 제27대 선덕여왕에 비하면 꽤 우둔한 여왕이었다. 원래 정치에는 미숙하여 그녀가 재위에 있는 동안 한 일이라고는 888년 각간 위홍(魏弘)에게 향가를 모아 책으로 엮도록 지시한 것뿐이었다.

진성여왕은 왕위에 오른 지 몇 해 만에 유모인 부호부인(鳧好夫

ㅅ)과 그녀의 남편인 위홍 등 서너 명의 총신들에게 정사를 맡긴 채 자신은 사치와 향락에만 몰두했다. 여왕은 위홍과 사통하고 궁중에 미소년을 끌어들여 음행을 일삼았다. 또한 거리낌 없이 뇌물을 받는 등 궁중의 풍기를 극도로 문란케 하였다.

그러자 도처에서 도적이 일어났다. 더구나 흉년까지 겹쳐 많은 백성이 살기가 어려워져 고향을 등진 채 걸인이 되거나 도적의 무리에 가담했다.

진성여왕 3년, 서기 889년이었다. 도둑의 무리 중 가장 세력이 컸던 원종과 애노가 관군을 상대로 큰 반란을 꾀했다.

그제야 정신이 든 진성여왕은 우련이라는 장수에게 도적 무리를 정벌하라 명했다. 하지만 이미 나약해진 관군은 도적의 상대조차 되지 못했다. 제대로 한번 싸워보지도 못한 채 우련은 전쟁터에서 목숨을 잃고 말았다.

그러자 백성들은 걷잡을 수 없이 어지러워지는 나라 꼴을 보며 몹시 불안해했다. 그 불안감은 이내 여왕을 향한 원성과 증오심으로 바뀌었다.

백성들은 여왕을 비방하는 글을 지어 나라 안 구석구석에 퍼뜨렸다. 이제 나라가 망할 날이 얼마 남지 않았다는 원색적인 표현이 공공연히 나돌았다.

이것을 본 진성여왕은 격노하며 망국을 예언한 자를 잡아들이라고 명했다. 하지만 워낙 많은 백성이 다양한 내용의 글을 지어 내고 있던 때라 그것을 딱히 누가 지었는지는 알 수 없었다.

그래도 여왕의 명령이니 대신들은 누군가를 잡아들이지 않으면 안 되었다. 궁리 끝에 대신들은 왕거인(王巨仁)이라는 자를 끌어들이기로 했다.

"이 글은 왕거인이 아니면 지을 사람이 없습니다."

대신들이 여왕에게 아뢰었다. 왕거인은 난세를 맞이하여 초야에 묻혀 조용히 글을 읽으며 지내던 당대의 문인이었다. 그런데 난데없이 나라를 비방하는 글을 지었다는 죄를 뒤집어쓰고 옥살이를 하는 처지가 되고 말았다.

이윽고 진성여왕은 왕거인에게 중벌을 내렸다. 그러자 그는 억울함을 호소할 길이 없어 감옥 벽에다가 이런 글을 지어 적었다.

　　　　연(燕)나라 태자 단(丹)의 피어린 눈물이
　　　　무지개 해를 뚫었고,
　　　　제(齊)나라 추연(鄒衍)이 품은 슬픔은
　　　　여름에 서리를 내리게 했네.
　　　　지금 나의 불행함이 그들과 같으니
　　　　어찌하여 하늘은 아무런 표시도 하지 않는가.

이 시를 지은 날 저녁에 하늘이 왕거인의 눈물 어린 호소를 들었는지, 홀연히 구름과 안개가 끼고 벼락이 치더니 우박이 쏟아졌다. 이것을 본 진성여왕은 두려움을 견디지 못해 왕거인을 풀어주었다.

명궁 거타지

거타지는 숨어서 기다리고 있다가 힘껏 활시위를 당겼다. 화살은 정확히 중의 급소를 맞췄다. 화살을 맞은 중은 곧 늙은 여우로 변하더니 괴성을 지르며 숨을 거뒀다.

_권 2 기이 2, 진성여대왕(眞聖女大王)과 거타지(居陀知)

진성여왕의 막내아들은 이름이 양패(良貝)이다. 그가 당나라에 사신으로 가게 되었다. 그때 후백제의 해적들이 진도에서 진을 치며 기다리고 있다는 말을 들은 양패는 궁수 50명을 뽑아 따르도록 했다.

양패 일행이 탄 배가 곡도라는 곳에 이르자 풍랑이 크게 일어 그곳에서 10여 일간 머물게 되었다. 꼼짝없이 섬에 갇힌 양패는 불안한 마음에 사람을 부려 점을 쳤다. 점쟁이가 말했다.

"이 섬에 신령한 못이 있으니 그곳에 제사를 지내면 풍랑을 잠재울 수 있을 것입니다."

양패는 곧 못 위에 제물을 차려놓고 제사를 지냈다.

그날 밤, 한 노인이 양패의 꿈속에 나타나서 말했다.

"활을 잘 쏘는 사람 하나를 이 섬에 남겨놓고 가면 순풍이 불 것이다."

양패는 꿈에서 깨자마자 섬에 남을 사람을 찾았다. 하지만 누구도 그 삭막한 섬에 남으려고 하지 않았다.

"그렇다면 나무 조각에 활잡이 오십 명의 이름을 써서 물에 던진 다음, 제일 먼저 가라앉는 사람을 남게 하는 것이 좋겠습니다."

한 신하가 제안하자 양패는 그 말에 따르기로 했다. 그 결과 활잡이 중 거타지라는 자가 남게 되었다. 결정이 내려지자 갑자기 풍랑이 가라앉았다. 그렇게 양패 일행은 무사히 섬에서 떠날 수 있었다.

섬에 홀로 남은 거타지는 수심에 찬 표정으로 앉아 있는데, 한 노인이 못 속에서 불쑥 나타나 말했다.

"나는 서해의 바다 신이오. 해가 뜰 때쯤이면 항상 하늘에서 중하나가 내려와 못을 세 번 도는데 그리되면 바다에 살던 내 자손들이 물 위에 뜨게 된다오. 그러면 중은 내 자손들의 간을 빼어 먹곤 한다오. 그래서 이제는 내 딸 하나와 우리 부부만 남게 되었소. 내일 아침에도 그 못된 중은 반드시 올 것이오. 그러니 그때 그대가 활로 쏘아 없애주시오."

노인의 부탁에 거타지는 기꺼이 승낙했다.

"활 쏘는 일이라면 자신 있으니 그리하겠습니다."

노인은 고맙다는 인사를 남기고 물속으로 사라졌다.

이튿날, 해가 떠오르자 과연 승려 하나가 하늘에서 내려와 이상한 주문을 외며 못 주위를 빙빙 돌았다. 거타지는 숨어서 기다리고 있다가 힘껏 활시위를 당겼다. 화살은 정확히 승려의 급소를 맞췄다. 화살을 맞은 승려는 곧 늙은 여우로 변하더니 괴성을 지르며 숨을 거뒀다. 요물이 죽자 노인은 물에서 나와 거타지에게 인사했다.

"그대의 덕을 입어 나와 내 자손의 생명을 건졌으니, 그 보답으로 내 딸을 그대에게 바치겠소."

노인은 자기 딸을 한 송이 꽃으로 변하게 한 뒤 거타지의 품속에 넣어주었다. 그리고 두 마리 용에게 명하여 거타지를 앞서 떠난 양패 일행의 배에 데려다주고, 당나라로 가는 길을 호위하도록 했다.

신라의 배가 두 마리 용에게 호위받고 있는 것을 본 당나라 사람들은 깜짝 놀라 이렇게 중얼거렸다.

"신라의 사신은 비상한 사람인 모양이구나!"

당나라에서는 양패 일행에게 큰 연회를 베풀어주었다.

무사히 귀국한 거타지는 이제껏 가슴에 품고 있던 꽃송이를 꺼냈다. 꽃송이는 이내 아름다운 여인으로 변했다. 거타지는 그 여인과 함께 오래도록 살았다.

경명왕 때의
기이한 일

사천왕사 벽화 속의 개가 울어 사흘 동안 불경을 외워 이를 물리쳤다.
그러나 한나절이 지나자 다시 그 개가 울어댔다.

_권 2 기이 2, 경명왕(景明王)

　　신라 제54대 경명왕 때인 918년에 사천왕사(四天王寺) 벽
화 속에 그려져 있던 개가 울었다. 승려들은 사흘 동안 불경을 외
워 이를 물리쳤으나, 한나절이 지나자 다시 그 개가 울어댔다.

　920년 2월에는 황룡사(皇龍寺)의 탑 그림자가 금모사지(今毛舍
知)의 집 뜰에 한 달 동안이나 거꾸로 비쳤다.

　그해 10월에는 사천왕사 오방신(五方神)의 활줄이 모두 끊어졌고,
벽화 속의 개가 뜰로 달려 나왔다가 다시 그림 속으로 들어갔다.

마의태자와
경순왕

태자는 울면서 왕에게 하직을 고하고 곧장 개골산으로 들어갔다. 태자는 그곳에서 바위로 집을 짓고 삼베옷을 입었다. 매 끼니를 풀뿌리를 캐어 먹으며 지내던 태자는 결국 그곳에서 세상을 마쳤다.

_권 2 기이 2, 김부대왕(金傅大王)

서기 927년 9월 후백제의 견훤이 신라를 침범하여 고울부(지금의 영천군)에 이르자, 경애왕은 우리 고려 태조(왕건)에게 구원을 청했다.

태조는 이를 받아들여 정예군 1만 명에게 신라로 출격할 것을 명했다. 그러나 고려의 구원병이 미처 도착하기도 전에 견훤은 그해 11월에 신라의 서울을 쳐들어갔다. 이때 경애왕은 후궁, 신하들을 거느린 채 포석정에서 연회를 베풀며 놀고 있었다. 적병이 코앞에 다다를 때까지도 놀이에만 취해 있었던 것이다.

경애왕은 왕비와 함께 별궁으로 달아나고, 신하들과 후궁들은 사방으로 정신없이 흩어져 도망했다. 그러다 적에게 붙잡히면 귀천을 가리지 않고 모두 땅에 엎드려 목숨을 구걸하며 스스로 노비가 되기를 자청했다.

견훤은 군사를 풀어 재물을 약탈하고 왕궁에 들어가 머물렀다. 그리고 궁궐을 샅샅이 뒤져 도망간 경애왕을 찾아내 강제로 자결토록 하고 왕비를 욕보였다. 또한 부하들을 풀어 왕의 빈첩들을 욕보였다.

경애왕이 죽자 견훤은 왕의 먼 친척인 김부(金傅)를 왕으로 삼았다. 즉, 견훤이 신라의 왕을 세운 것이다. 바로 경순왕인데, 그는 왕위에 오르자 선왕의 시신을 서당에 안치하고 여러 신하와 함께 통곡했다. 이때 우리 태조는 사신을 보내어 문상했다.

이듬해인 928년 3월 태조는 50여 기병을 거느리고 신라의 서울에 이르렀다. 경순왕은 문무백관과 함께 교외로 나와 태조를 맞이했다.

경순왕은 태조에게 예를 다 갖추어 연회를 베풀었다. 술기운이 얼큰해지자 경순왕이 말했다.

"나는 하늘의 도움을 받지 못해 화란(禍亂)을 불러일으켰고, 견훤은 불의한 짓을 마음대로 행하여 우리 신라를 망쳐놓았습니다. 이 얼마나 통탄할 일입니까?"

경순왕은 이내 눈물을 흘렸고, 옆에 있던 신하들도 모두 울었으

며, 태조도 눈물을 흘렸다. 그 후 태조는 수십 일간 신라에 머물다
가 돌아갔다. 그러자 신라의 남녀들이 입을 모아 태조를 칭송했다.

"지난번에 견훤이 왔을 때는 마치 늑대와 범을 만난 것 같더니,
지금 왕공(왕건)이 오시니 마치 부모를 만난 것 같다!"

서기 935년 10월, 신라의 땅이 거의 남의 나라 것이 되고 국력
은 말할 수 없이 쇠약해져 스스로 국정을 이어나갈 수조차 없게
되었다. 그러자 경순왕은 고려 태조에게 항복할 것을 의논했다.
신하들은 찬반 의견이 분분하여 논의가 쉽게 끝나지 않았다. 이
때 신라의 태자가 나서서 말했다.

"나라의 존망은 반드시 천명에 달려 있습니다. 그러니 아직 남
아 있는 충신들과 더불어 온 힘을 다해 민심을 수습해본 뒤, 그래
도 안 되면 그때 가서 그만둘 일이라고 생각합니다. 어찌 천 년의
사직을 그리 쉽게 내줄 수 있단 말입니까?"

그러나 경순왕은 태자의 말에 귀를 기울이지 않았다.

"지금 어떤 노력을 기울여도 나라의 형세가 보전될 수 없다. 이
미 우리가 강해질 길은 없는 것이다. 시간을 지체한다는 것은 죄
없는 백성들에게 참혹한 죽음을 맞이하게 하는 것과 마찬가지이
니, 나는 차마 그 일을 할 수가 없다."

마침내 경순왕은 시랑(侍郎) 김봉휴를 시켜 태조에게 국서를 보
내 항복을 청했다. 그러자 태자는 울면서 왕에게 하직을 고하고

곧장 개골산(금강산)으로 들어갔다. 태자는 그곳에서 바위로 집을 짓고 삼베옷을 입었다. 매 끼니를 풀뿌리를 캐어 먹으며 지내던 태자는 결국 그곳에서 생을 마쳤다. 그 뒤 사람들은 그를 마의태자(麻衣太子)라고 불렀다.

한편 신라의 항복 국서를 받은 태조는 태상 왕철을 보내 경순왕을 맞이하도록 했다. 경순왕은 여러 신하를 거느리고 우리 태조에게 귀순했다.

그때의 행렬은 수레와 말이 30여 리에 뻗쳤으니, 길은 온통 사람으로 꽉 막혔고 구경꾼들이 마치 담처럼 죽 늘어서 있었다.

태조는 교외로 나가 경순왕 일행을 영접하였으며, 대궐 동쪽의 한 구역을 주고, 장녀인 낙랑공주(樂浪公主)를 경순왕의 아내로 주었다.

경순왕은 정승으로 봉해졌는데, 그 직위는 태자보다 위였다. 또한 녹봉 1천 석을 주고, 시종 관원과 장수들도 채용해주었다. 그리고 신라를 고쳐 경주(慶州)라 하였으며, 이곳을 경순왕의 식읍으로 삼았다.

그 전에, 경순왕이 국토를 바치며 항복해 오자 태조는 매우 기뻐하여 말했다.

"이렇게 나라를 주시니 그 은혜 입음이 매우 큽니다. 원컨대 왕의 종실과 혼인하여 길이 인척으로 지내고 싶습니다."

경순왕이 대답했다.

"내 백부(伯父) 억렴에게 딸이 있는데 덕행과 용모가 뛰어납니다. 이 사람이 아니면 내정(內政)을 다스리기가 어려울 것입니다."

태조는 억렴의 딸을 아내로 맞아들였다. 그녀가 신성왕후 김씨다.

태조의 손자 경종(景宗), 주(伷)는 경순왕의 딸을 맞아 왕비로 삼았는데, 그녀가 헌승황후다.

서기 978년, 김부가 세상을 뜨니 시호를 경순(敬順)이라 했다. 그가 신라의 마지막 왕이다.

백제의 서동과
신라의 선화공주

서동은 어떻게든 공주를 만나기 위해 궁리한 끝에 머리를 깎고 신라
의 서라벌로 가 동네 아이들에게 마를 먹이며 친하게 지내기로 했다.
시간이 흘러 아이들이 서동을 거리낌 없이 따르게 되자, 그는 동요
한 수를 지어 아이들에게 부르도록 했다.

_권 2 기이 2, 무왕(武王)

백제 제30대 무왕의 이름은 장(璋)이다.

그의 어머니는 과부가 되어 서울 남쪽의 연못가에서 살았다. 그
런데 그의 어머니는 그 연못 속의 용과 관계하여 장을 낳았다.

장의 어릴 때 이름은 서동(薯童)이었는데, 재주가 뛰어나고 도량
이 넓어서 그 깊이를 헤아리기가 어려웠다. 아이의 이름을 서동
이라고 한 까닭은 항상 마를 캐어 팔아 어려운 생계를 꾸려나갔
기 때문이다.

당시 신라 제26대 진평왕의 셋째 딸 선화공주(善花公主)는 무척

아름다웠다. 그 소문을 들은 서동은 그녀를 사모하게 되었다.

서동은 공주를 만나기 위해 궁리한 끝에 머리를 깎고 신라의 서라벌로 가 동네 아이들에게 마를 먹이며 친하게 지내기로 했다.

시간이 흘러 아이들이 서동을 거리낌 없이 따르게 되자, 그는 동요 한 수를 지어 아이들에게 부르도록 했다. 그 노래는 이런 것이었다.

> 선화공주님은
> 남몰래 얼러두고
> 서동방을
> 밤에 몰래 안고 가는가.

선화공주가 남몰래 밤마다 서동의 방을 드나든다는 뜻의 이 동요는 삽시간에 퍼져 마침내 궁궐에까지 들어갔다. 그러자 신하들은 왕에게 간곡히 간하여 공주를 먼 곳으로 귀양 보내도록 했다. 결국 왕은 신하들의 청을 받아들였다.

공주가 귀향을 떠나려고 하자 왕후는 순금 한 말을 주어 노자에 보태도록 했다.

얼마 후 공주는 귀양지에 다다랐다. 그때 서동이 나타나 공주에게 절을 올린 뒤 자신이 모시기를 청했다.

공주는 그를 처음 보았지만 왠지 모르게 믿음직스러워 그를 허락했다. 공주는 서동을 따라가 그 해괴한 동요가 불린 까닭을 알게 되었다. 하지만 이제는 엎질러진 물이 된 터였다.

함께 살게 된 공주는 서동을 따라 백제로 가서 모후가 준 금을 꺼내놓고 앞으로 살아갈 계획을 세우려 하자 서동이 껄껄 웃으며 물었다.

"이것이 무엇이오?"

공주가 대답했다.

"이것은 황금인데 평생 부를 누릴 수 있는 밑천입니다."

공주의 대답을 듣고 서동이 시큰둥하게 말했다.

"내가 어렸을 적부터 마를 캐던 곳에 이런 물건을 흙덩이처럼 많이 쌓아두었는데……."

그의 말에 공주가 크게 놀랐다.

"예? 그것이 정말입니까? 이 황금은 천하의 보배입니다. 정말 황금이 그리 많다면 우리 부모님이 계신 궁궐로 보내는 게 어떻겠습니까?"

"좋소. 그리합시다."

이렇게 해서 두 사람은 금을 산더미처럼 쌓아놓게 되었다. 하지만 신라로 옮길 일이 걱정이었다. 그래서 용화산 사자사의 지명 법사를 찾아가 황금을 실어 나를 방법을 물었다.

"내가 신통한 도의 힘으로 그 황금을 보낼 테니 이리 가져오시오."

공주는 부모님께 쓴 편지와 함께 황금을 사자사로 옮겨놓았다. 그러자 법사는 신통한 힘을 발휘해 그 많은 황금을 하룻밤 사이에 신라의 궁중으로 보냈다.

진평왕은 그 신비스러운 변화를 이상히 여겨 서동을 존경하게 되었다. 그리고 자주 편지를 보내 안부를 묻곤 했다.

서동은 그때부터 백성들에게 인심을 얻어 마침내 백제의 왕위에 오르게 되었다. 그가 바로 백제의 무왕이며 신라의 선화공주는 백제의 왕비가 되었다.

죽지령의 노인과
죽지랑

언제부터인가 죽지령 꼭대기에 전에 없던 자그마한 움막 하나가 들어서더니 한 노인이 기거하기 시작했다. 노인은 매일 삽이며 괭이 같은 것을 들고 나와 부지런히 고갯길을 닦았다. 문득 인생이 허무한 것을 깨닫고 늦게나마 여러 사람에게 이로운 일을 하기 위해서였다.

_권 2 기이 2, 효소왕(孝昭王) 때의 죽지랑(竹旨郎)

신라 때 죽지령(竹旨嶺)이라는 험한 고개가 있었다. 이 고개 양쪽에는 금세라도 도적이나 맹수가 뛰어나올 정도로 숲이 울창하게 우거져 있었다. 이 고개는 험하긴 해도 사람의 왕래가 꽤 빈번한 편이었다. 두 마을을 서로 연결해주는 길이 이 고개 말고는 없었기 때문이다.

그런데 언제부터인가 죽지령의 꼭대기에 전에 없던 자그마한 움막 하나가 들어서더니 한 노인이 기거하기 시작했다. 사람들은 '그냥 며칠 있다가 훌쩍 떠나겠지' 하고 생각했으나 예상은 빗나갔다.

노인은 며칠이 아니라 몇 달이 지나도록 그곳을 떠나지 않았다. 그뿐 아니라 늙은 몸으로 매일 삽이며 괭이 같은 것을 들고 나와 고갯길을 닦았다.

사실, 죽지령 꼭대기는 워낙 높은 곳이고, 주변에 민가도 없는 터라 길이 엉망이었다. 길가의 풀들은 제멋대로 자라 사람의 발목을 휘감기도 했고, 바람이 심한 날이면 나무가 뿌리째 뽑혀 날아가거나 바위 덩어리가 아무렇게나 널브러지는 곳이었다. 그런 곳에 혼자 살면서 길을 닦는 노인을 사람들은 이상하게 여겼지만, 그 자세한 내막은 알지 못했다. 노인이 그런 일을 하는 데는 이유가 있었다.

어느 날, 문득 노인은 생각했다.

'아, 나는 수십 년을 살아오면서 어느 것 하나 제대로 이루어놓지 못하고 이렇게 늙고 말았구나. 인생은 참으로 허무한 것이로다. 내가 다시 태어날 수만 있다면 이렇게 헛된 인생은 살지 않을 텐데……'

자신의 인생을 한탄하던 노인은 불현듯 새로운 각오를 다졌다.

'그래, 지금이라도 늦지 않았다. 사람들을 위해 뭔가 좋은 일을 한 가지라도 하자. 그러면 하늘도 나를 어여삐 여겨 다시 새로운 삶을 주실지 모르지 않나?'

그렇게 노인은 죽지령을 오가는 사람들을 위해 길을 닦기 시작한 것이다.

어느 날, 술종(述宗)이라는 사람이 진덕여왕(眞德女王)의 명을 받고 삭주(朔州, 지금의 춘천 근방) 도독사(都督使)로 임명되어 그의 부인과 함께 임지로 가게 되었다. 술종은 김유신 등과 함께 신라 6공(公)의 하나였다.

당시는 삼한에 병란이 자주 일어나던 때라 기병 3천 명이 그의 부임길을 호송하고 있었다. 술종의 행렬은 죽지령을 넘어가게 되었다.

노인은 그날도 어김없이 길을 닦고 있었다. 술종은 노인과 마주치자 깜짝 놀랐다.

'이상하다, 낯익은 얼굴인데…… 내가 어디서 봤더라…….'

분명히 처음 보는 얼굴인데도 이상하게 정이 갔다. 그런 느낌이 든 것은 노인도 마찬가지였다.

'참으로 이상한 일이구나. 저분은 처음 보는데 왜 이리도 마음이 끌리는 것일까?'

둘 다 이심전심으로 마음을 끌어당기는 무엇이 있었으나 말로 표현을 할 수가 없었다. 결국 두 사람은 한 마디도 나누지 못한 채 헤어졌다.

그런데 술종 부부에게는 한 가지 걱정거리가 있었다. 슬하에 자식이 없었던 것이다. 그의 부인은 여러 차례 백일기도를 올리며 아들을 점지해달라 빌었으나 아직 잉태의 기미조차 없던 터였다. 그들 부부는 늘 적적함에 젖어 있었다.

술종이 임지에 부임한 지 한 달쯤 지난 어느 날이었다. 그는 꿈속에서 전에 죽지령을 넘으며 마주쳤던 노인을 보았다. 노인은 거침없이 자기 집 대문을 열고 들어서더니 마루를 거쳐 안방으로 들어와 앉는 것이었다.

술종은 잠에서 깨어나 부인에게 꿈 이야기를 들려주었다.

"그게 정말이에요? 저도 꿈에서 그 노인이 우리 집 안방으로 들어오는 꿈을 꾸었답니다."

술종은 꿈이 하도 괴이하여 날이 밝자 사람을 죽지령으로 보냈다.

"죽지령의 노인이 잘 있는지 보고 오거라."

잠시 후 죽지령에 다녀온 자가 보고했다.

"그곳으로 가는 길에 아는 사람을 만나 노인의 안부를 물으니 그는 어젯밤에 세상을 떠났다고 했습니다. 제가 죽지령으로 가보았더니 정말 노인이 보이지 않았습니다."

술종은 그 소리를 듣자 문득 뇌리를 스치는 것이 있었다. 노인이 죽은 시간과 자신이 꿈을 꾼 시간이 거의 일치하는 것이었다. 술종은 부인을 보며 말했다.

"아마 그 노인이 우리 집에 태어날 것 같소."

술종은 다시 사람을 보내 고개 위 북쪽 봉우리에 노인을 장사 지내고 돌 미륵불을 무덤 앞에 세우게 하였다.

과연 술종의 부인은 그날부터 태기가 있더니 달이 차자 아기를 낳았다.

아이의 이름은 죽지령에서 따와 죽지(竹旨)라고 지었다.

죽지는 성장하여 훌륭한 화랑이 되었다. 그는 김유신과 함께 삼국을 통일하는 데 크게 기여했다. 또한 진덕(眞德), 태종(太宗), 문무(文武), 신문(神文) 등 4대에 걸쳐 재상이 되어 나라를 안정시켰다.

결국 죽지령에서 길을 닦던 노인은 그의 소원대로 세상에 다시 태어나 의미 있는 삶을 살게 된 것이다.

한편, 죽지가 화랑이 된 후 그를 따르는 낭도(郞徒) 중 득오(得烏)라는 화랑이 있었는데, 너무 존경한 나머지 노래까지 지어 불렀다. 이것이 '모죽지랑가(慕竹旨郞歌)'이다. 즉, 죽지랑을 사모하는 노래라는 뜻이다.

지난 봄 그리워하매

모든 것이 애달프다.

아름다움 지니신 얼굴에

주름살이 지려고 하는구나.

눈을 돌릴 사이에나마
만나 뵙도록 하리라.
낭이시여,
그리워하는 마음에 오가는 길
쑥 우거진 마을에서
잘 밤인들 있으리까.

길몽을 꾸고
왕위에 오르다

원성왕이 아직 왕위에 오르지 않았을 때 꿈을 꾸었다. 꿈에서 왕은 복두를 벗고는 흰 갓을 썼다. 그리고 12현금을 들고서 천관사 우물 속으로 들어갔다. 점쟁이에게 해몽을 청했더니 그것은 흉몽이라고 했다.

_권 2 기이 2, 원성대왕(元聖大王)

신라 제38대 원성왕이 아직 왕위에 오르지 않았을 때의 일이다.

이찬 김주원(金周元)이 상재(上宰)로 있을 때 원성왕 김경신은 그 밑의 벼슬인 각간으로 있었다.

어느 날 김경신이 꿈을 꾸었는데, 복두를 벗고는 흰 갓을 썼다. 그리고 12현금을 들고서 천관사(天官寺, 경북 월성군 일남리에 있었던 절로, 옛날에 천관녀의 집이었다고 한다) 우물 속으로 들어갔다.

꿈에서 깨어난 김경신은 사람을 시켜 점을 치라 하니 점쟁이가 이렇게 말했다.

"복두를 벗은 것은 관직을 잃을 징조입니다. 그리고 가야금을 든 것은 목에 칼을 쓰게 될 징조입니다. 또한 우물 속으로 들어간 것은 옥에 갇힐 징조입니다."

김경신은 이 말을 듣자 걱정이 되어 두문불출하였다. 이때 아찬 벼슬에 있던 여삼(餘三)이라는 자가 찾아와서 면회를 청했다. 그러나 김경신은 병을 핑계로 나오지 않았다.

며칠 후 다시 여삼이 찾아와 청하기에 김경신은 마지못해 그를 맞아들였다. 여삼이 물었다.

"지금 공이 걱정하고 있는 것이 무엇입니까?"

김경신은 일전에 자신이 꾼 꿈과 점쟁이의 점괘를 소상히 들려주었다. 그러자 여삼이 갑자기 일어나더니 김경신에게 큰절을 올리고는 말했다

"그것은 걱정할 것이 안 됩니다. 한마디로 아주 길한 꿈입니다. 만약 공이 훗날 왕위에 오르신다면 저를 버리지 않으신다고 약조해주십시오. 그리해주신다면 제가 공을 위해 꿈을 풀어보겠습니다."

그러자 김경신이 좌우의 사람들을 물리치고 여삼에게 해몽을 부탁했다. 여삼이 이내 꿈풀이를 시작했다.

"공이 지난 꿈에 복두를 벗은 것은 위에 있는 사람이 없다는 뜻

입니다. 그리고 흰 갓을 쓴 것은 면류관을 쓸 징조이며, 십이현금을 든 것은 십이대손(원성왕은 내물왕奈勿王의 12대손이 된다)으로서 왕위를 이어받을 조짐입니다. 또한 천관사 우물로 들어간 것은 궁궐로 들어갈 상서로운 징조입니다."

그 말을 듣자 김경신은 다소 안심했다.

"지금 내 위에는 주원이 있는데 어찌 내가 왕위에 오를 수 있단 말이오?"

여삼이 대답했다.

"비밀리에 북천(北川)의 신을 찾아가 제사를 올리십시오, 그러면 반드시 좋은 일이 생길 것입니다."

김경신은 여삼이 시키는 대로 했다.

그로부터 얼마 후 선덕왕이 세상을 떠났다. 그러자 나라의 사람들은 김주원을 왕으로 받들고, 궁중으로 맞아들이려고 했다. 그런데 문제가 발생했다. 김주원의 집은 북천 북쪽에 있었는데 갑자기 냇물이 불어나 궁궐이 있는 곳으로 건너갈 수 없게 된 것이다.

상황이 이렇게 되자 김경신이 먼저 궁궐로 들어가 왕위에 올랐다. 그랬더니 대신들은 물론이고 김주원과 같이하던 신하들까지도 하늘의 뜻이라고 믿어 김경신을 따랐다. 그가 바로 원성왕이다.

김경신이 전날 꾸었던 꿈이 그대로 들어맞아 왕이 된 것이다.

그 후 김주원은 명주(溟州, 지금의 강릉)로 물러가 살았다.

한편 김경신이 왕위에 오를 무렵, 여삼은 이미 세상을 떠난 뒤였다. 왕은 전날의 약속을 지키기 위해 여삼의 자손들에게 벼슬을 내렸다.

일본에게 빼앗길 뻔한 만파식적

일본은 신라에 만파식적이 있다는 말을 듣자 겁을 먹고 군사를 물렸다. 그 뒤 일본은 사자를 시켜 금 50냥을 갖고 와서는 피리를 달라고 청했다.

_권 2 기이 2, 원성대왕(元聖大王)

원성왕은 진정 인생에서 무엇이 중요하고 가치 있는 것인지를 구별할 줄 아는 탁월한 식견을 가진 임금이었다.

원성왕의 아버지인 대각간 효양(孝讓)이 조종(祖宗)의 만파식적을 받아 왕에게 전해주었다. 원성왕은 만파식적을 얻는 순간 하늘의 은혜를 두렵게 입은 것이라고 생각했으며, 그리하여 그 덕이 멀리까지 빛났다.

서기 786년 10월 11일, 일본의 왕 문경(文慶)이 군사를 일으켜 신라를 치려고 했다. 그러나 신라에 만파식적이 있다는 말을 들자 겁을 먹고 군사를 물렸다. 그 뒤 사자를 시켜 금 50냥을 갖고 와서는 피리를 달라고 청했다.

참으로 어이없는 일이 아닐 수 없었다. 상대할 가치조차 없는 자라고 여긴 원성왕은 일본 사자를 따돌리려고 시치미를 떼며 말했다.

"내가 알기로는 내 윗대인 진평왕 때에 그 피리가 있었다고 하던데, 지금은 어디에 있는지 알지 못하니 돌아가서 그리 전하라."

그렇게 해서 일본을 따돌렸는데, 이듬해 7월 7일에 다시 사자를 보내왔다. 이번에는 금 1천 냥을 가지고 왔다.

"그 신비로운 물건을 한 번 보기만 하고 다시 돌려드린다고 합니다."

이번에도 간사한 속임수라고 생각한 원성왕은 지난번과 같은 대답으로 거절했다. 원성왕은 오히려 사자에게 은 3천 냥을 주어서 보냈다.

그해 8월에 사자가 돌아가자 원성왕은 그 피리를 내황전(內黃殿) 깊숙한 곳에 보관했다.

묘정과 자라의 구슬

묘정은 우물가로 가 자라에게 말했다.
"내가 그동안 네게 많은 은덕을 베풀었는데, 너는 나한테 무엇으로 보답할 테냐?"
그러자 자라는 입에서 구슬 한 개를 토해냈다. 묘정은 그 구슬을 받아 허리띠 끝에 달았다. 그런데 그 후부터 묘정에게 이상한 일이 벌어졌다.

_권 2 기이 2, 원성대왕(元聖大王)

하루는 원성왕이 황룡사의 지해(智海) 스님을 궁궐로 청하여 50일 동안 화엄경을 외게 했다.

지해 스님은 궁궐로 들어오면서 묘정(妙正)이라는 사미승(沙彌僧, 아직 수행이 덜 된 승려)을 데리고 와 시중을 들게 했다. 묘정은 지해 스님이 화엄경을 외울 때 옆에서 향불을 피우거나, 끼니때가 되면 금광정(金光井)이라는 우물가로 가서 바릿대(나무로 만든 밥그릇)을 씻곤 했다.

그런데 묘정이 그 우물가에서 일을 볼 때면 꼭 자라 한 마리가 우물 속에서 떴다 가라앉는 일을 반복했다. 그때마다 묘정은 먹다 남은 밥풀을 자라에게 먹이면서 장난을 했다.

어느덧 50여 일이 지나 지해 스님이 화엄경 읽기를 마칠 때가 되었다. 이제 묘정도 함께 궁궐을 떠나야 할 시간이 다가온 것이다. 그때 묘정이 우물가로 가 마지막으로 자라에게 말했다.

"내가 그동안 네게 많은 은덕을 베풀었는데, 너는 나한테 무엇으로 보답할 테냐?"

그러자 자라는 입에서 구슬 한 개를 토해냈다. 묘정은 그 구슬을 받아 허리띠 끝에 달았다.

그런데 그 후부터 묘정에게 이상한 일이 벌어졌다. 원성왕이 갑자기 묘정을 귀여워하여 자기 옆에서 떠나지 못하도록 한 것이다. 지해 스님이 떠나려 하자 왕은 묘정을 궁궐에 남겨두고 가라 청했다.

그로부터 몇 달이 지났다. 당나라로 한 사신이 떠나게 되었는데, 그도 묘정을 귀여워하여 그를 데려가겠노라 왕에게 청했다. 왕은 그의 청을 받아들였다.

사신과 묘정은 함께 당나라에 도착했다. 그런데 거기에서도 이상한 일이 벌어졌다. 당나라의 황제도 묘정을 보자 사랑스러워했던 것이다. 황제뿐 아니라 승상과 좌우 신하들도 모두 그를 아끼고 사랑했다.

이렇게 되자 묘정은 점차 교만해지기 시작했다. 자신이 잘났기 때문에 남들에게 사랑과 존경을 받는 거라고 믿어 나태한 생활과 거만한 행동을 서슴지 않았다. 이에 당나라 황제가 이상히 여겨 유능한 점쟁이에게 묘정의 관상을 보게 했다. 점쟁이가 관상을 본 후 황제에게 아뢰었다.

"저자를 살펴보니 전혀 길한 상이 아닙니다. 그런데도 남에게 신뢰와 존경을 받으니 이는 이상한 물건을 지니고 있는 게 틀림없습니다."

황제는 즉시 사람을 시켜 묘정의 몸을 뒤져보라고 일렀다. 곧 묘정의 허리띠 끝에 조그만 구슬이 달려 있음을 알아냈다. 그것을 보고 황제는 문득 뭔가 생각이 난 듯 말했다.

"아, 그랬구나! 예전에 나는 네 개의 여의주가 있었다. 그런데 지난해에 한 개를 잃어버렸다. 지금 그것을 보니 그때 내가 잃어버린 구슬이구나."

황제는 묘정에게 그 구슬을 어찌 갖게 되었는지 물었다. 묘정은 그 구슬이 자기 손에 들어오기까지의 과정을 자세히 말했다. 황제가 생각해보니 구슬을 잃었던 때와 묘정이 구슬을 얻은 날이 일치했다.

당나라 황제는 그 구슬을 빼앗고 묘정을 신라로 돌려보냈다. 그 뒤로 묘정을 아끼고 사랑하는 사람은 아무도 없었다.

三國遺事 —— 원성대왕

三
國
遺
事

3

불법을 일으킨
승려들의 이야기

고구려에 불교를 전한 순도

전진의 왕 부견이 사신과 함께 승려 순도를 시켜서 고구려에 불경과 경문을 보냈다. 또 소수림왕 4년인 374년에는 동진에서 아도가 왔다.

_권 3 흥법, 순도조려(順道肇麗)

〈고구려본기(高句麗本紀)〉에 이런 기록이 있다.

소수림왕(小獸林王) 2년, 서기 372년은 효무제(孝武帝)가 즉위한 해이다. 전진(前秦)의 왕 부견(符堅)이 사신과 함께 승려 순도(順道)를 시켜서 고구려에 불경과 경문을 보냈다. 또 소수림왕 4년인 374년에는 동진(東晉)에서 아도(阿道)가 왔다.

그 이듬해인 소수림왕 5년, 375년 2월에 소수림왕은 초문사(肖門寺)를 지어 순도를 머물게 했고, 이불란사를 지어 아도를 머물게 했다. 이것이 고구려 불법의 시초이다.

《해동고승전(海東高僧傳)》에는 순도와 아도가 위(魏)나라에서 왔다고 했는데, 이는 잘못된 것이다. 확실히 그들은 전진과 동진에서 왔다. 또한 초문사는 지금의 흥국사이고, 이불란사는 지금의 흥복사라 하고 있는데, 이 역시 잘못된 것이다.

순도를 찬양하여 여기에 읊는다.

압록강에 봄 깊어 풀빛은 곱고,
백사장의 갈매기 한가로이 조는구나.
문득 저 멀리 노 젓는 소리에 깨어나
어느 곳 고깃배인가,
안개 낀 바다에 당도하신 손님.

백제에 불교를 전한 마라난타

서기 384년에 호국의 승려 마라난타가 동진에서 왔다. 침류왕은 그를 맞아들여 궁중에 머물게 하고 예로써 공경했다.

_권 3 흥법, 난타벽제(難陀闢濟)

〈백제본기(百濟本紀)〉에 이런 기록이 있다.

백제 제15대 침류왕(枕流王)이 즉위한 서기 384년에 호국(胡國, 오랑캐 나라)의 승려 마라난타(摩羅難陁)가 동진(동진을 거쳐 백제로 들어왔다는 말)에서 왔다. 침류왕은 그를 맞아들여 궁중에 머물게 하고 예로써 공경했다.

그 이듬해인 385년, 새 도읍 한산주에 절을 세우고 도통한 승려 열 사람을 입문시켰다. 이것이 백제 불법의 시초이다.

백제 제17대 아신왕(阿莘王)은 즉위한 392년 2월에 영을 내려 불법을 신봉하여 복을 구하라고 했다.

마라난타라는 이름을 번역하면 동학(童學)이 된다.

마라난타를 찬양하여 여기에 읊는다.

　　개벽을 할 때에는
　　대개 잔재주의 솜씨 뵈기 어려운 것을.
　　차근차근 스스로 깨달아
　　노래와 춤이 절로 나오고
　　옆의 사람 이끌어 눈뜨게 했네.

신라에 불교를 전한
묵호자(아도)

《삼국유사》에는 묵호자와 아도라는 인물에 관한 기록이 있다. 그런데 일연은 묵호자와 아도를 동일인이라고 말한다. 두 사람의 신상에 대해 적은 〈신라본기〉와 〈아도본비〉 등의 고서에서는 두 사람을 각기 다른 사람인 것처럼 기록하고 있으나, 아도의 생김새와 묵호자의 생김새가 흡사한 것으로 보아 둘은 동일인이 틀림없다는 것이다.

_권 3 흥법, 아도기라(阿道基羅)

〈신라본기(新羅本紀)〉에 이런 기록이 있다.

신라 제19대 눌지왕(訥祗王) 때 사문(沙門, 불문에 들어간 승려) 묵호자(墨湖子)가 고구려에서 왔다. 그는 고구려의 일선군(지금의 경북 선산)에 당도했는데, 그 고을 사람 모례(毛禮)가 자기 집에 굴을 파서 거처할 곳을 만든 뒤 그를 편히 있게 했다.

삼국에 불교가 전래된 것은 고구려, 백제, 신라의 순이었다. 고구려와 백제는 불교 수용 즉시 나라에서 공인하였으나, 신라는 눌지왕 때 민간에 전래되고, 법흥왕 때 이르러서야 공인되었다.

고구려의 승려 묵호자가 불교를 전하기 위해 신라에 들어왔을 때의 일이다. 그 무렵 중국 양(梁)나라는 사신을 통하여 눌지왕에게 의복과 향을 보내왔다. 그런데 눌지왕은 그 향의 이름과 쓰는 방법을 알지 못했다. 그래서 신하들을 시켜 향을 가지고 나라 안을 두루 돌아다니며 그 쓰임새를 알아 오도록 했다.

그때 마침 신하들은 아는 자들에게 묵호자를 소개받았고, 묵호자는 눌지왕에게 불려갔다.

"그대가 이 향에 대해 알고 있는가?"

묵호자는 왕에게 말했다.

"이것은 아주 귀한 물건입니다. 이것을 태우면 향내가 진하게 풍기지요. 이것은 정성이 신성한 곳에까지 이르기 때문입니다."

"신성한 곳이란 어떤 곳인가?"

왕이 묻자 묵호자가 다시 대답했다.

"그 신성함은 부처님께 예를 올리는 것을 말합니다. 예불을 올릴 때 이것을 태우며 축원하면 반드시 영험이 있을 것입니다."

"이 향을 피우고 소원을 빌면 영험을 얻을 수 있다는 말인가?"

그때 마침 공주가 병을 앓고 있었기 때문에 눌지왕의 귀가 번쩍 뜨였다. 공주의 병은 백 가지 약을 써도 효험을 얻지 못하고 있던 터였다. 그래서 눌지왕은 묵호자에게 그 향의 효험을 시험하게 하였다.

묵호자는 왕명을 받아 향을 피워놓고 불경을 읽으며 공주의 쾌유를 기원했다. 그러자 이제껏 어떤 약으로도 고쳐지지 않던 공주의 병이 조금씩 차도를 보이기 시작하더니, 백 일째 되는 날 씻은 듯이 나았다.

왕은 크게 기뻐하며 묵호자에게 한 가지 소원을 들어줄 테니 말해보라고 했다. 묵호자는 불교를 자유롭게 전할 수 있도록 절 하나를 지어달라고 했다.

왕은 묵호자의 소원을 들어주려고 영흥사와 흥륜사라는 절을 지었다. 이렇게 해서 신라 땅에도 목탁 소리가 울려 퍼지게 되었다.

하지만 그것도 잠시 뿐이었다. 눌지왕이 세상을 떠나자 지금까지 왕 때문에 잠자코 있던 신하들이 묵호자를 해치려고 했던 것이다. 결국 묵호자는 다시 몸을 숨기고, 때가 오기를 기다려야 했다.

《삼국유사》에는 묵호자와 아도라는 인물에 관한 기록이 있다. 그런데 일연은 묵호자와 아도를 동일인이라고 말한다.

두 사람의 신상에 대해 적은 〈신라본기〉와 〈아도본비(我道本碑)〉 등의 고서에서는 두 사람을 각기 다른 사람인 것처럼 기록하고 있으나, 아도의 생김새와 묵호자의 생김새가 흡사한 것으로 보아 둘은 동일인이 틀림없다는 것이다. 또한 묵호자라는 이름은 본명이 아니고, 아도의 별명일 것이라고 말한다. 이를 뒷받침하기 위해 양나라 사람들이 달마(達摩)를 벽안호(碧眼胡)라 했던 것을 예로 들기도 했다.

이차돈의
숭고한 죽음

형리가 칼을 들어 이차돈의 목을 베었다. 그러자 이차돈의 목에서 붉은 피가 아닌 흰 피가 한 길이나 솟구쳤다. 그와 동시에 그의 머리가 멀리 금강산까지 날아가 떨어졌다. 이 광경을 본 주변의 사람들은 모두 혼비백산했다. 또한 멀쩡하던 하늘이 갑자기 어두워지더니 천지가 진동하고 비바람이 몰아쳤다.

_권 3 흥법, 원종흥법(原宗興法)과 염촉멸신(厭髑滅身)

신라에서 불교가 공인된 것은 눌지왕 때 묵호자가 처음 절을 지은 후 50여 년이 지난 법흥왕 때였다.

신라 제23대 법흥왕은 불교를 국교로 삼고자 했으나 재래의 토착신앙을 신봉하는 신하들의 반대로 뜻을 이루지 못하고 있었다. 이때 신라의 승려 이차돈(異次頓)이 불교의 공인을 주장하며 527년에 순교를 자청했다. 이로써 신라에도 불교가 비로소 자리 잡게 되었다. 이차돈의 순교에 대한 이야기는 다음과 같다.

서기 527년, 법흥왕 14년이었다. 어느 날, 법흥왕이 신하들에게 말했다.

"나는 백성들을 위해 복을 빌고 죄를 없앨 곳을 마련하기 위해 나라 안 여기저기에 절을 지으려고 한다."

이 말에 대신들은 왕의 깊은 뜻을 헤아리지 못하고 오직 나라를 다스리는 대의만을 지키고자 했다. 왕은 자신의 깊은 뜻을 따르지 않는 신하들이 원망스러웠다.

"아, 나는 덕이 없는 자인데 왕업을 이어받았나 보구나. 그래서 위로는 나라를 편안히 하고, 아래로는 백성들을 즐겁게 해줄 힘이 없는가 보구나. 누가 이 큰일을 나와 함께할까?"

그때 이차돈이 비록 낮은 관직에 있었으나 왕의 근심스런 표정을 보더니 그 마음을 눈치채고 아뢰었다.

"신이 듣기에, 옛사람들은 비천한 이에게도 좋은 계책이 있으면 물어보았다고 합니다. 이제 제가 큰 죄를 달게 받을 각오로 말씀을 올리겠습니다."

이처럼 당당하게 나선 이차돈의 성은 박(朴)씨로, 자는 염촉(厭髑)이었다. 그의 아버지는 누구인지 자세히 알 수 없었다. 그는 본래부터 대나무처럼 곧은 성품에 맑은 뜻을 품고 있었다. 당시 그의 나이는 스물둘이었다.

"네가 관여할 일도 아닐뿐더러 할 수 있는 일도 아니다."

이차돈의 말에 법흥왕은 미덥지 못한 표정을 지으며 말했다. 그러나 이차돈은 더욱 뜻을 결연히 다지고 아뢰었다.

"나라를 위해 몸을 버리는 것은 신하로서 가장 큰 절개이고, 임금을 위하여 목숨을 바치는 것은 백성으로서 바른 의리라고 생각합니다. 지금까지의 모든 허물을 소신에게 물으시고 그 본보기로써 신의 목을 베신다면 모든 신하와 만백성이 순순히 왕의 말씀을 따를 것입니다."

그러나 왕은 고개를 저었다.

"지금 내가 품은 뜻은 사람을 이롭게 하려는 것인데, 어찌 죄 없는 이를 죽이겠느냐? 너는 오직 공덕을 남기려 하지만 죽음을 피하는 것만 못할 것이다."

왕이 만류하자 이차돈이 말했다.

"모든 걸 버리기 어렵다고 하는 것은 결국 몸과 목숨에 지나지 않습니다. 소신이 저녁에 죽어 아침에 불교가 행해진다면 불법이 크게 일어날 것이고, 왕께서는 오래도록 평안하실 것입니다."

이 말을 받아 왕이 말했다.

"난새와 봉황의 새끼는 어려서부터 하늘을 뚫으려는 기백을 갖고 있고, 기러기와 고니의 새끼는 나면서부터 그저 물결을 헤칠 마음만 품었다고 한다. 만약 네가 지금 네 입으로 말한 것처럼 할수만 있다면 가히 대사(大士)의 행동이라 할 것이다."

결국 법흥왕은 짐짓 위엄을 갖추고 무시무시한 형틀을 준비한 뒤 신하들을 불렀다.

"저기 이차돈은 내게 백성을 위하고 나라를 흥하게 하려면 절을 지어야 한다고 말했다. 그런데 경들은 내가 절을 지으려 하니 일부러 이를 지체시키지 않았느냐? 그 까닭이 무엇이었는지 오늘 이 자리에서 명백히 고하도록 하라!"

왕의 서슬 퍼런 호령에 신하들은 벌벌 떨기만 할 뿐 말을 하지 못했다.

"그대들이 대답을 하지 못한다면 저 이차돈을 엄하게 문책할 것이다!"

법흥왕은 이차돈에게 고개를 돌려 호통쳤다.

"너는 어찌하여 나에게 허황된 말을 고하여 마음을 어지럽혔느냐? 네 죄가 무거우니 죽음을 피할 수 없을 것이다."

마침내 왕은 이차돈에게 형을 집행할 결심을 굳혔다. 이차돈이 비로소 입을 열었다.

"신은 기꺼이 죽을 것입니다. 이제 신이 죽게 되면 하늘에서는 반드시 복과 길한 정조를 내려 만백성에게 보여줄 것입니다. 부디 강건하시옵소서."

드디어 형리가 칼을 들어 이차돈의 목을 베었다. 그러자 기이한 일이 벌어졌다. 이차돈의 목에서 붉은 피가 아닌 흰 피가 한 길이나 솟구친 것이다. 그와 동시에 그의 머리가 멀리 금강산까지 날아가 떨어졌다. 이 광경을 본 주변의 사람들은 모두 혼비백산했다. 또한 멀쩡하던 하늘이 갑자기 어두워지더니 천지가 진동하고 비바람이 몰아쳤다.

법흥왕은 슬퍼하여 눈물을 흘렸고, 재상들은 두려워하여 땀을 흘렸다. 샘과 못의 물이 갑자기 말라 물고기와 자라가 다투어 뛰었고, 곧은 나무는 저절로 부러져 원숭이들이 떼 지어 울었다.

춘궁(春宮, 태자가 거처하는 궁)에서는 말고삐를 나란히 하고 놀던 태자의 동무들이 피눈물을 흘리면서 서로 얼싸안았고, 평소 이차돈과 소매를 마주하던 친구들은 창자가 끊어진 듯이 이별을 슬퍼했다. 나라 안의 백성들도 마치 부모를 잃은 듯 슬피 울었다.

백성들은 이차돈의 죽음을 놓고 입이 마르도록 칭찬했다. 그리고 법흥왕은 이차돈의 머리가 떨어진 금강산에서 최대한의 예를 갖추어 장사 지냈다.

이때부터 신라에서는 집집마다 부처를 공경하면 반드시 대대로 영화를 얻게 되었고, 사람마다 불도를 행하면 불법의 이익을 얻게 되었다.

이차돈이 순교한 때는 법흥왕 14년, 527년이다. 그러나 신라에 불교가 공인된 것은 그 이듬해였다.

이차돈의 숭고한 죽음을 찬양하여 일연은 다음과 같은 시를 읊었다.

참으로 놀라운 일이구나!

의를 좇아 삶을 가벼이 했구나.

천화(天花)와 흰 젖의 피는 가슴에 사무치네.

문득 한 칼에 몸은 비록 죽었으되,

절마다 울리는 종소리는 서울을 뒤흔드네.

도교를 신봉한
보장왕과 보덕화상

보장왕의 총애를 받던 재상 연개소문은 "지금 유교와 불교는 다 같
이 성하게 일어나지만 도교는 번성하지 못합니다. 그러니 특별히 당
나라에 사신을 보내 도교를 탐구해 오도록 하십시오" 하고 왕에게
아뢰었다. 그러자 보덕화상은 도교가 불교와 맞서면 나라의 운명이
위태로워질 것을 염려하여 왕에게 수차례 간했으나, 왕은 번번이 그
의 말을 듣지 않았다. 그래서 보덕화상은 신통력을 부려 방장을 날려
보내 거처를 옮겼다.

_권 3 흥법, 보장봉노(寶藏奉老) 보덕이암(普德移庵)

〈고구려본기〉에 이런 기록이 있다.

고구려 말기의 일이다. 이때 중국은 당나라 고조와 태종 연간이
었다. 이 무렵, 고구려 사람들은 다투어 오두미교(五斗米敎)를 신
봉하였다.

오두미교는 후한(後漢) 때 생겨난 종교로, 도교(道敎)의 한 파였
다. 후한 순제(順帝) 때 장릉이라는 사람은 산에 들어가 도술을 공

부했다. 그는 자기가 배운 도술을 베풀어 사람들의 병을 고쳤다. 그때 그는 병을 치료해주는 대가로 쌀 다섯 말, 즉 오두미를 받았다. 그래서 사람들은 그가 만든 도교를 오두미교라고 부르게 되었다.

한편 고구려에서 오두미교가 성행한다는 말을 전해 들은 당나라 고조는 도사를 파견하여 천존(天尊, 도교에서 받드는 최고의 신)상(像)을 보내왔다. 또한 도덕경(道德經)을 강설하게 하였는데, 왕이 백성들과 함께 그 강연을 들었다. 이때가 고구려 제27대 영류왕(營留王) 7년, 서기 624년이었다.

그 이듬해 고구려에서는 당나라에 사신을 보내 불교와 도교를 배우고자 청했는데, 당나라 황제가 이를 허락했다.

그 뒤 642년, 고구려 마지막 왕인 제28대 보장왕(寶藏王)은 즉위한 뒤 유불도(儒佛道) 3개 교를 함께 일으키려고 했다. 그때 왕의 총애를 받던 재상 연개소문(淵蓋蘇文)이 고했다.

"지금 유교와 불교는 다 같이 성하게 일어나지만 도교는 번성하지 못합니다. 그러니 특별히 당나라에 사신을 보내 도교를 탐구해 오도록 하십시오."

그때 반룡사(평안도에 있던 절)의 승려 보덕화상(普德和尚)은 도교가 불교와 맞서면 나라의 운명이 위태로워질 것을 염려했다. 그리하여 보덕화상은 여러 차례 왕에게 간했으나, 왕은 번번이 그의 말을 듣지 않았다.

그래서 보덕화상은 신통력을 부려 방장(方丈, 절의 주지가 거처하는 방)을 날려 보내 거처를 옮겼다. 그가 간 곳은 남쪽에 있는 완산주(전주) 고대산이었다. 이때가 650년 6월이었다. 바로 경복사에 있는 방이 그때 날아온 방장이라고 한다.

이에 대해 고려의 이자현(李資玄)이 보덕화상을 기리기 위해 시를 써서 당(堂)에 남겨두었다. 또한 김부식은 그의 전기를 저술하여 세상에 전했다.

그 뒤 오래지 않아 고구려가 망했다.

보덕화상을 기려 이렇게 예찬했다.

석가의 도는 드넓은 바다처럼 끝이 없어

유교와 도교가 다 복속해 오는구나.

가소롭다, 저 고구려의 왕이 웅덩이를 막으니

와룡(보덕화상을 가리킴)이 바다로 옮겨 감을 살피지 못하였네.

三國遺事

보덕화상

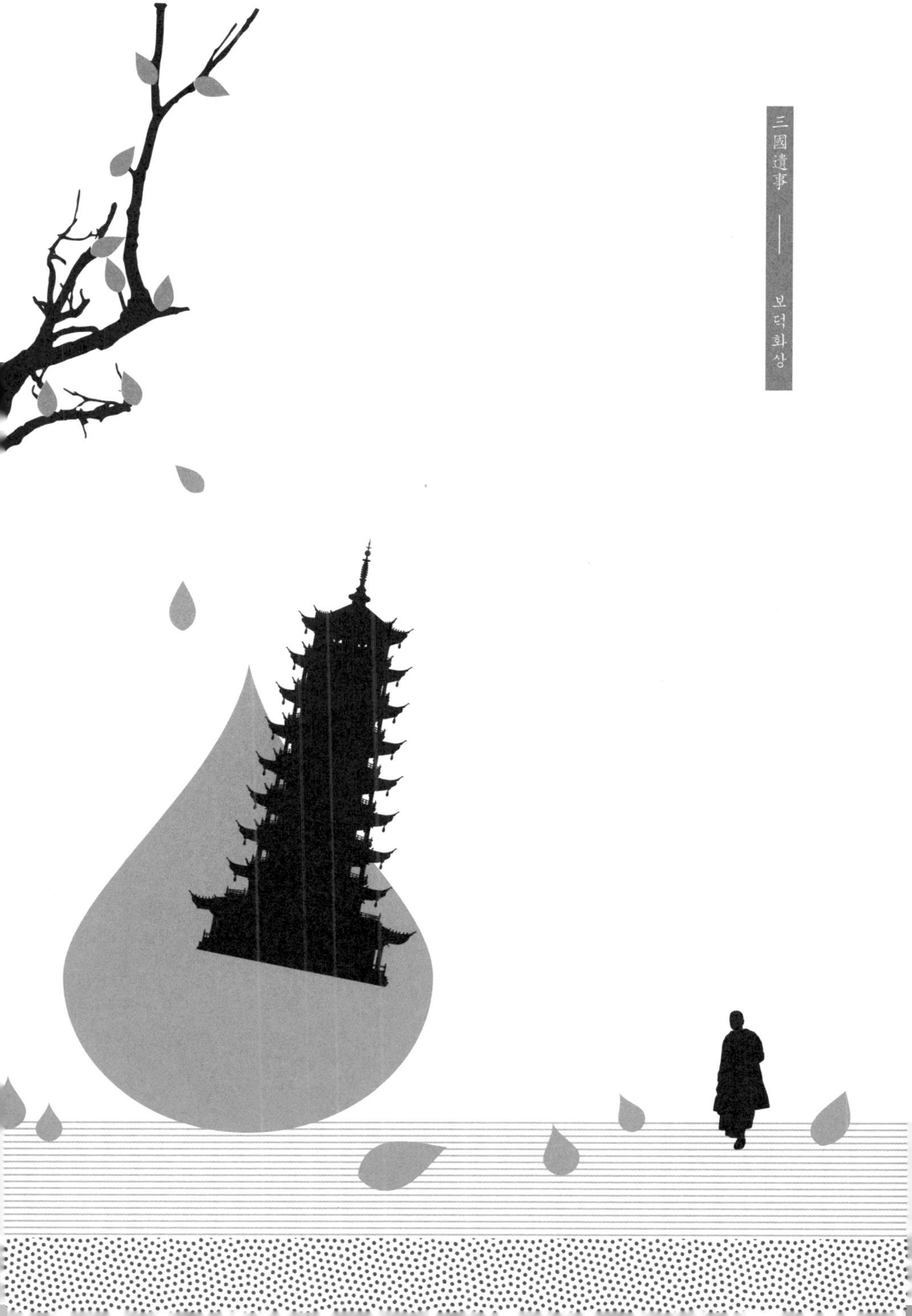

三
國
遺
事

4

훌륭한 업적을 남긴
승려들의 이야기

중국책이 전하는
원광법사의 기록

진평왕은 원광법사를 만나자 공경하며 성인처럼 우러렀다. 원광은 천성이 겸허하고 정이 많았으며, 말할 때는 항상 미소를 잃지 않고 노기를 드러내지 않았다. 중국과의 외교문서 등 나라의 문서들은 모두 그가 작성했다. 온 나라가 그를 받들었으니, 왕들은 나라 다스리는 방법과 백성 교화 방법 등을 그에게 물었다.

_권 4 의해 5. 원광서학(圓光西學)

중국 당나라의 《속고승전(續高僧傳)》 제13권에 실려 있는 원광법사(圓光法師)에 관한 내용이다.

신라 황룡사의 승려 원광이 속세에서 쓰던 성은 박씨이다. 원광은 진한(辰韓) 사람으로, 도량이 넓고 컸으며, 글을 즐겨 읽었고, 노장(老壯)의 학문과 유학을 두루 섭렵하여 그 문명(文名)이 삼한에 크게 떨쳤다.

그러나 중국의 폭넓은 학문에는 미치지 못했기 때문에 그는 벗들과 작별하고 중국으로 유학을 가기로 작정했다. 그리하여 배를 타고 금릉(金陵, 중국 남경)으로 건너가니 그의 나이 스물다섯 때였다.

처음에는 장엄사(莊嚴寺)의 승려 민공(閔公)의 제자로 들어가 강의를 들었다. 그는 본래 세간의 학문에 밝았으므로 이치를 궁구하는 데는 신과 같았는데, 불교의 진리를 깨닫자 이전에 배운 것은 한낱 지푸라기처럼 여겨졌다.

그는 승려가 되어 강의를 하는 자리를 두루 찾아다니며 좋은 도리를 모두 배웠으며, 미묘한 글들을 해득하는 데 게으르지 않았다.

나중에는 오나라 호구산에 들어가 도에 정진하자 승려의 무리가 구름처럼 모여들었다. 본래 품었던 마음과 잘 맞았으므로 드디어 평생을 이곳에서 마치려는 생각이 있었다. 그리하여 밖의 사람들과 단절하고 성인의 자취를 두루 유람하면서 생각을 세상 밖 하늘에 두고 영원히 속세를 사절했다.

그 무렵 어떤 신자가 산 밑에 살고 있었는데, 원광에게 강의를 부탁하였다. 원광은 그의 부탁을 사양했다. 그러나 그가 끈질기게 부탁을 거듭하기에 원광은 마침내 그의 뜻에 따랐다. 원광은 처음에 성실론을 말하고, 나중에 반야경을 강의했다. 그때 원광의 강의는 해석이 뛰어나고 명철하여 훌륭한 명예를 얻었으며, 모든 말을 아름다운 수사로 엮어내자 듣는 이들이 모두 흡족해했다.

비록 이역 땅에서의 전교(傳敎)이긴 했지만, 그 명망이 널리 퍼

져 중국 남방에까지 이르렀다. 그러자 가시밭을 헤치며 바랑을
메고 찾아오는 사람이 마치 고기비늘처럼 잇달았다.

신라에서는 이 소식을 듣고 수나라 황제에게 원광을 돌려보내
줄 것을 자주 청했다. 그러자 수나라 황제는 그를 후하게 위로하
여 고향으로 돌려보냈다.

원광이 수년 만에 돌아오자 모든 이가 기뻐했다. 진평왕은 그를
만나자 공경하며 성인처럼 우러렀다. 원광은 천성이 겸허하고 정
이 많아 박애에 이르렀으며, 말할 때는 항상 미소를 잃지 않고 노
기를 드러내지 않았다.

중국과의 외교문서 등 나라 문서들은 모두 그가 작성했다. 온
나라가 그를 받들었으니, 왕들은 나라 다스리는 방법과 백성 교
화 방법 등을 그에게 물었다.

그의 처지는 비록 금의환향한 사람과는 달랐지만 실제는 중국
의 문물을 익혀 돌아왔으니 그와 다를 바가 없었다. 그가 세상을
떠나려 하자 왕은 친히 그의 손을 잡고 위로했다. 그리고 법을 남
겨 백성을 구제할 것을 물었다.

신라 건복 58년에 원광은 몸이 약간 불편한 것을 느꼈다. 그 후
7일이 지나 간절한 계(誡, 계율)를 남기고는 그가 있던 황룡사에서
단정히 앉은 채 세상을 떠났다. 그때의 나이가 아흔아홉이었다.
그의 장례는 왕의 장례와 다름없이 치러졌다.

그 후 사산(死産)을 한 어떤 여인이, 죽은 아기를 복과 덕이 높은 사람의 묘 옆에 묻으면 후손이 끊어지지 않는다는 세간의 말을 믿고 몰래 원광의 무덤 옆에 묻은 적이 있었다. 그러나 여인이 아기를 묻고 돌아서는 순간에 하늘에서 벼락이 떨어져 아기를 무덤 밖으로 내던졌다. 이 일이 전해지자 평소 원광을 공경하지 않던 이들도 그를 우러러보게 되었다.

속세의 사람이 지켜야 할 세속오계

임금을 섬기되 충성을 다할 것.
어버이를 섬기되 효도를 다할 것.
벗을 사귀되 신의로써 사귈 것.
싸움에 임하여서는 물러서지 않을 것.
생물을 죽이되 가려서 죽일 것.

_권 4 의해 5, 원광서학(圓光西學)

《삼국사기》 열전(列傳)에 이런 기록이 있다.

사량부라는 마을에 귀산(貴山)과 추항(箒項)이라는 어진 선비가 살았다. 두 사람은 아주 친해 늘 함께 다녔다. 함께 학문을 하고, 무술도 같이하는 사이였다. 그중 귀산은 나중에 화랑이 되었다.

어느 날, 귀산이 추항에게 말했다.

"이제 우리도 우물 안 개구리처럼 동네에서만 돌아다닐 것이 아니라 좀 더 어진 분을 찾아가 배우도록 하세."

그 무렵 원광법사는 수나라에서 돌아와 가슬갑(지금의 경북 청도 부근)에 머물고 있었다. 이 소식을 접한 두 사람은 먼 길을 마다 않고 찾아갔다. 그들은 원광법사 앞에 큰절을 올린 뒤 겸손히 말했다.

"스님, 저희들은 우매하여 아는 것이 별로 없습니다. 부디 저희가 일생 동안 지켜야 할 지표가 되는 말씀을 들려주십시오."

"먼 길을 오느라 고생이 많았겠군? 삶의 진리란 그처럼 고생 끝에 얻어지는 것임을 명심하라."

원광법사는 두 젊은이의 정성이 갸륵하여 그들에게 한마디 교훈을 주기로 마음먹었다.

"불법에는 반드시 지켜야 할 열 가지 계율이 있다. 그러나 그것은 승려가 아니면 지키기 힘들지. 그러니 그대들과 같이 세속에 있는 사람들은 다섯 가지 정도의 계율만 지키면 될 것이다."

원광법사는 다음과 같은 다섯 가지 계율을 일러주었다.

첫째, 임금을 섬기되 충성을 다할 것(사군이충, 事君以忠).
둘째, 어버이를 섬기되 효도를 다할 것(사친이효, 事親以孝).
셋째, 벗을 사귀되 신의로써 사귈 것(교우이신, 交友以信).
넷째, 싸움에 임하여 물러서지 않을 것(임전무퇴, 臨戰無退).
다섯째, 생물을 죽이되 가려서 죽일 것(살생유택, 殺生有擇).

원광법사의 이야기를 듣고는 귀산이 물었다.

"다른 말씀은 알아들었습니다만, 다섯 번째의 생물을 죽이되 가려서 죽이라는 말씀만은 아직 이해가 되지 않았습니다. 그것은 무엇을 뜻합니까?"

원광법사가 대답했다.

"육재일(六齋日)과 봄, 여름에는 생물을 죽이지 말아야 하는데, 이는 시기를 가리는 것이다. 말이나 소, 닭, 개 등의 가축을 죽이지 말 것이고, 고기가 한 점도 없는 미물을 죽여서도 안 될 것이니, 이는 물체를 가리는 것이다. 또한 이러한 것들도 소용될 만큼만 죽여야지, 많이 죽이지 말라는 것이다. 이것들이 바로 세속에서 지켜야 할 선한 계율이다."

원광법사의 말 중 육재일이란 음력으로 매월 8, 14, 15, 23, 29, 30일을 말한다. 이 6일은 사천왕(四天王, 불법에 귀의한 중생을 수호하는 네 신)이 천하를 돌면서 사람들의 선악을 살피는 기간이다. 또한 악귀가 사람의 틈을 보는 날이어서 행동을 삼가고 마음을 깨끗이 해야 하는 날들이다.

원광법사에게 세속오계의 가르침을 받은 두 사람은 이후 이 계율을 성심껏 지켜 높은 덕을 지니게 되었고, 나라에도 큰 공을 세웠다고 한다.

三國遺事 ——

원광서학

원광법사와
신령의 만남

원광법사는 신령 덕분에 중국에 갈 수 있었으며, 그곳에서 11년간 머물며 삼장에 널리 통달했고 유학도 배웠다. 진평왕 22년에 원광법사는 행장을 갖춰 중국에 왔던 조빙사를 따라 고국으로 돌아왔다. 무사히 귀국한 데 대해 신령에게 인사를 표하고자 원광법사는 전에 거주했던 절로 갔다.

_권 4 의해 5, 원광서학(圓光西學)

《수이전(殊異傳)》의 〈원광법사전(圓光法師傳)〉에 실려 있는 이야기이다.

원광법사는 사람됨이 좋고 용맹스러웠으며, 주술 배우기를 좋아했다.

어느 날 밤, 원광법사가 혼자 앉아 불경을 외는데 문득 신령이 그의 이름을 부르면서 말했다.

"그대의 수행은 장하고 훌륭하오. 대체로 수행하는 자는 많으나 법대로 하는 이는 드물지. 그런데 지금 그대의 이웃에 있는 중을 보니 주술을 성급하게 익히려 하고 있소. 그리해서는 아무것도 못 얻을 터! 시끄러운 소리는 다른 이에게 방해만 되는 법이오. 내가 다니는 길에 그의 소리가 매일 들리니 몹시 괴롭다오. 그러니 그에게 이사를 가라고 말하시오. 만일 그가 계속 지금 있는 곳에 머문다면 내가 문득 죄업을 저지르게 될지도 모르오."

이 소리를 듣고 원광법사는 이튿날 이웃의 승려를 찾아갔다.

"어젯밤 내가 어느 신령의 말을 들으니 스님은 다른 곳으로 옮겨야 신상에 이로울 것 같소. 그렇지 않으면 반드시 재앙이 뒤따를 것이니 그렇게 하시오."

그러자 그 승려가 대답했다.

"수행이 지극한 스님 같은 분도 귀신에게 현혹됩니까? 법사님은 어찌 여우 귀신의 말을 듣고 그리 걱정을 하십니까?"

그 승려는 다른 곳으로 옮겨갈 생각이 전혀 없었다.

그날 밤, 신령이 다시 나타나 말했다.

"그래, 그 중이 뭐라 대답했소?"

원광법사는 신령이 노여워할까 봐 일부러 꾸며댔다.

"아직 말을 하지 못했소. 그러나 내가 말을 전해주면 어찌 감히 듣지 않겠소?"

"내가 이미 말을 다 들었는데 법사는 왜 말을 꾸미고 있소? 이제 법사는 잠자코 내가 하는 것만 지켜보시오."

신령은 말을 마치고 사라졌다. 그날, 한밤중에 벼락같은 소리가 들렸다.

이튿날, 원광법사가 그 승려의 거처에 가보니 산이 무너져 내려 그가 있던 절이 아예 통째로 묻혔다.

밤이 되자 또 신령이 나타났다.

"법사가 보기에 어땠소?"

"너무 놀랍고 두려웠소."

"내 나이 이제 삼천 세에 이르고 신술(神術)은 으뜸이오. 그까짓 일이야 아주 작은 일에 불과한데 뭐 놀랄 게 있소? 나는 앞으로의 일도 모르는 게 없으며, 온 천하의 일에 다 통달해 있소. 내가 법사의 일을 내다보니, 법사가 이곳에만 있으면 지신을 이롭게 할 수는 있겠으나 남을 위해서는 공을 쌓을 수 없을 것 같소. 현재에 이름을 높이지 못한다면 미래에 좋은 승과(勝果)를 취하지는 못할 것이오. 법사는 왜 중국에서 불법을 취하여 이 나라의 혼미한 중생을 인도하려 하지 않는 것이오?"

원광법사가 대답했다.

"중국에 가서 도를 배우는 것은 본래 나의 소원이었소. 그러나 바다가 육지를 아득히 막고 있기에 가지 못할 따름이오."

그러자 신령은 중국으로 가는 길과 여행에 필요한 것들을 자세히 일러주었다.

결국 원광법사는 신령 덕분에 중국에 갈 수 있었으며, 그곳에서 11년간 머물며 삼장(三藏)에 널리 통달했고 유학도 배웠다.

진평왕 22년, 서기 660년에 원광법사는 행장을 갖춰 중국에 왔던 조빙사(朝聘使)를 따라 고국으로 돌아왔다. 무사히 귀국한 데 대해 신령에게 인사를 표하고자 원광법사는 전에 거주했던 절로 갔다.

밤이 되자 그 신령이 다시 나타나 말했다.

"먼 노정이었는데 잘 다녀오셨소?"

"신령의 큰 은혜를 입어 편히 다녀왔소이다."

"나 또한 법사에게 계를 주겠소."

신령은 생생상제(生生相濟, 윤회의 생에서 서로를 구제하자는 것)의 약속을 맺었다.

원광법사가 신령에게 청했다.

"신령의 진용(眞容)을 볼 수 있겠소?"

"만약 법사가 내 모습을 보고 싶다면, 내일 아침 동쪽 하늘 끝을 바라보시오."

이튿날 아침, 원광법사가 동쪽 하늘을 바라보니 커다란 팔뚝이 구름을 뚫고 하늘 끝에 닿아 있었다.

그날 밤, 신령이 또 나타나 물었다.

"법사는 내 팔뚝을 보았소?"

"보았소. 그런데 참으로 기이했소."

이 신령의 긴 팔뚝을 본 일로 말미암아 삼기산을 속칭 비장산 (臂長山)이라고도 한다.

신령이 다시 말을 이었다.

"비록 지금 이 몸이 있다 해도 죽음만큼은 면할 수가 없는 법이니, 나는 얼마 뒤 그 고개에다 내 몸을 버릴 것이오. 그러니 법사는 그곳으로 와서 영원히 떠나는 내 영혼을 전송해주시오."

신령은 그 날짜를 일러주었다.

약속한 날이 되자 원광법사는 그 고개로 갔다. 그랬더니 늙은 여우 한 마리가 옻칠한 것처럼 검게 변해 헐떡거리다 마침내 숨을 놓았다.

양지와 지팡이

양지는 시주를 다닐 때 다른 승려처럼 몸소 집집마다 다닌 게 아니라 지팡이만 시주를 다니게 했다. 즉, 지팡이 끝에다가 자루 하나를 걸어 두면 지팡이가 스스로 날아가 시주받을 집에 가서 떡 버티고 섰다. 그러면 그 집에서는 양지가 시주를 받으러 왔다는 사실을 알고서 자루에 공양을 했다.

_권 4 의해 5, 양지사석(良志使錫)

신라 선덕여왕 때의 승려 양지(良志). 그의 조상이나 고향에 대해서는 자세히 알 수가 없다. 하지만 그가 살았을 당시에는 양지라는 이름만 들어도 모르는 사람이 없을 정도로 유명한 승려였다.

그는 주로 기인(奇人)으로 널리 알려졌다. 양지는 늘 큼지막한 지팡이를 짚고 다녔다. 그것도 쿵쾅거리는 소리가 날 정도로 요란하게 짚고 다녔다.

그의 기행은 거기서 그치지 않았다. 그는 시주를 다닐 때 다른 승려처럼 몸소 집집마다 다닌 게 아니라 이따금 지팡이만 시주를 다니게 했다. 즉, 지팡이 끝에다 자루 하나를 걸어두면 지팡이가 스스로 날아가 시주받을 집에 가서 떡 버티고 섰다. 그러면 그 집에서는 양지가 시주를 받으러 왔다는 사실을 알고서 자루에 공양을 했다. 자루가 다 차면 지팡이는 다시 양지에게로 날아왔다. 그런 까닭에 그가 거주하는 절을 석장사(錫杖寺)라고 불렀다.

양지는 신기하고 특이하여 남이 헤아릴 수 없는 것이 많았다. 여러 기예(技藝)에도 능해 신묘함이 비길 데가 없었다. 서화나 조각 등 손재주에도 능했다. 영묘사 장륙삼존상과 천왕상, 여러 전탑의 기와, 천왕사 탑 밑의 팔부신장, 법림사의 주불 삼존 및 좌우의 금강신 등은 모두 그의 작품이다.

또한 영묘사와 법림사의 현판을 그가 썼고, 벽돌로 탑 하나를 만들었으며, 3천 불상을 만들어 그 탑을 절 안에 모시고 예를 드렸다.

그가 불상을 만들 때의 일이다. 불상을 만들려면 양질의 진흙이 많이 필요했다. 하지만 혼자 힘으로는 그 많은 진흙을 구할 수가 없어 궁리 끝에 묘책을 썼다.

불공을 드리러 올 때 좋은 진흙을 많이 가져올수록 소원이 빨리 이루어진다는 소문을 퍼뜨린 것이다. 그러자 신도들은 앞다투어 질 좋은 진흙을 머리에 이고 등에 진 채 석장사로 몰려왔다.

결국 진흙은 풍족하게 쓰고도 남을 정도로 모아졌다. 그런데 이번에는 진흙을 곱게 이기는 작업을 해야 하는데, 그 일에도 손이 달렸다. 양지는 신도들에게 정성을 다해 진흙을 다지면서 부처님께 소원을 빌면 성취될 것이라고 말했다. 이번에도 신도들은 앞다투어 진흙을 밟으며 소원을 빌었다. 양지는 신도들의 신명을 돋우기 위해 노래를 하나 지어 다 함께 부르도록 했다.

그때 부른 풍요(風謠)는 이러하다.

오거라, 오거라, 모두 오거라.
슬픔이 많은 인생들은 다 오거라.
공덕 닦으러 이리로 다 오거라.

이 노래는 지금도 지방에서 방아를 찧거나 다른 일을 할 때 불리고 있다 한다.

당대 최고의 기승,
혜숙

그는 늘 작은 절에 기거했다. 그리고 언제나 미친 듯이 술에 취하여 삼태기를 진 채 거리를 헤매며 노래하고 춤을 추었다. 또한 그는 절의 우물 속으로 들어가면 몇 달씩 나오지 않았다. 우물에서 나와도 그의 옷은 젖어 있지 않았다.

_권 4 의해, 이혜동진(二惠同塵)

신라의 기승(奇僧) 혜숙(惠宿)은 신비한 승려 이야기에서 빠지지 않는 인물이다. 그는 원래 화랑인 호세랑(好世郞)을 따르는 일개 낭도에 불과했다. 호세랑이 나이가 들어 화랑 자리를 물려주고 어디론가 자취를 감추자, 그를 따르던 혜숙도 이내 몸을 숨겼다.

혜숙은 적선촌이라는 곳에서 20여 년간 숨어 지냈다. 그때 국선으로서 덕이 높기로 명성이 나 있던 구참공(瞿旵公)이 적선촌으로 사냥을 나왔다. 자기가 기거하는 마을에 명망 높은 국선이 왔다는 소식을 들은 혜숙은 그를 만나기 위해 들로 나갔다. 그리고 이내 구참공을 만나 청했다.

"저는 이곳에서 불도를 닦는 중입니다. 저는 공의 명성을 익히 들어 알고 있습니다. 오늘 제가 공의 사냥을 함께하면서 길 안내를 해드리면 어떻겠는지요?"

구참공은 혜숙의 청을 받아주었다. 그러자 혜숙은 옷을 벗어젖히고 이리 뛰고 저리 뛰면서 구참공의 사냥을 도왔다. 구참공은 말을 타고 달렸지만 혜숙은 빠른 걸음으로도 결코 뒤지지 않았다.

이윽고 점심때가 되었다. 혜숙과 구참공은 불을 지펴 지금까지 잡은 짐승의 고기를 구웠다. 고기가 익는 동안 구참공은 혜숙에게 농담을 던졌다.

"스님은 불도에 정진하는 분이신데 어찌 그리 사냥을 잘하시오? 남들이 보면 사냥꾼으로 오해하기 십상이겠소."

혜숙은 그 말에 다소 기분이 상했다. 그래서 구참공에게 말했다.

"공께서는 지금 드시고 계신 토끼고기가 맛있습니까?"

구참공은 토끼고기를 맛있게 먹으며 대답했다.

"물론이오."

"그럼 제가 더 맛있는 고기를 구워드릴까요?"

"더 맛있는 고기라니? 그게 어떤 고기요?"

"잠시 기다리십시오."

혜숙은 갑자기 자신의 허벅지 살 한 점을 칼로 베어냈다.

"아니, 지금 뭐 하는 거요?"

화들짝 놀란 구참공이 뒤로 한 발짝 물러섰다. 그러나 혜숙은 아랑곳하지 않고 자기 살점을 불에 구워 구참공에게 디밀었다.

"자, 드시지요. 아주 싱싱해서 맛이 괜찮을 겁니다."

"어서 치우시오. 나는 사람의 고기를 먹을 수 없소."

구참공은 난데없는 기이한 행동에 겁먹은 듯 사색이 된 채 손사래를 쳤다. 혜숙이 굳은 표정으로 말했다.

"나는 지금까지 공이 총명하고 덕이 높다 들어왔습니다. 그런데 오늘 보니 짐승의 생명을 하찮게 여기는 잔인한 분이라는 것을 알게 되었습니다. 그래서 이루 말할 수 없이 실망이 큽니다."

구참공을 은근히 꾸짖은 다음 혜숙은 바람처럼 숲속으로 사라졌다. 혜숙이 가고 난 뒤 구참공이 곰곰이 생각해보니 정말 자신의 행동이 부끄러운 것이었음을 깨달았다.

며칠 뒤 조정에 들어간 구참공은 왕에게 그날의 이야기를 들려주었다. 진평왕은 그 이야기를 듣고 사자를 보내 혜숙을 불러들였다.

왕명을 받들어 사자들이 혜숙의 집으로 찾아갔을 때, 그는 웬어여쁜 여인을 옆에 두고 잠을 자는 중이었다. 그 모습을 본 사자들은 크게 실망하여 그대로 발길을 돌렸다. 그런데 사자들이 혜숙의 집을 나와 궁궐로 돌아가던 중 그와 마주치게 되었다. 사자들은 눈을 부비며 그를 바라보았다. 방금 전에 여인과 함께 자고 있던 혜숙이 분명했다. 이상히 여겨 사자가 물었다.

"지금 어디서 오는 길이오?"

혜숙이 대답했다.

"성안에 있는 어느 부잣집 주인이 내게 불공을 드려달라고 부탁하기에 지금 그 집에서 이레 동안 불공을 드리고 오는 길이오."

사자들은 그의 말이 의심스러워 그 집으로 가 확인해보니 참말이었다. 사자들은 귀신에 홀린 듯 고개를 갸웃거리기만 할 뿐이었다.

혜공은 원래 천진공(天眞公)이라는 사람의 집에서 품팔이를 하던 노파의 아들이었다. 그의 어릴 적 이름은 우조였다.

우조의 나이가 일곱 살이 되었을 때, 천진공은 종기를 앓아 거의 죽을 지경에 이르렀다. 그러자 문병 오는 사람들로 집 안에 발디딜 틈이 없었다. 그는 어머니에게 물었다.

"집에 무슨 일이 있습니까? 왜 이리 손님이 많습니까?"

"주인님께서 몹쓸 병에 걸려 곧 돌아가시게 되었는데 너는 아직 그것도 모르고 있었단 말이냐?"

우조가 말했다.

"그럼 제가 그 병을 고쳐보겠습니다."

어머니는 반신반의하며 천진공에게 아들의 말을 전했다. 천진공은 지푸라기라도 잡아야 할 처지였으므로 속는 셈치고 우조를 불러들였다. 주인의 방으로 불려온 우조는 천진공의 침상 밑에 앉더니 한 마디 말도 없었다. 그런데 얼마쯤 지나자 주인의 종기가 저절로 터졌다. 기이한 일이 아닐 수 없었다. 천진공은 그저 우연히 벌어진 일이라고 생각하여 크게 마음에 두지 않았다.

청년으로 자란 우조는 천진공이 사육하는 매를 길렀다. 그 천진공의 아우가 벼슬을 얻어 지방으로 부임하게 되었다. 그때 천진공은 아우에게 매 한 마리를 선물했다.

어느 날 밤이었다. 천진공은 갑자기 아우에게 준 매가 보고 싶어 날이 밝는 대로 우조를 시켜 가져오게 할 참이었다. 그런데 우조는 이 사실을 미리 알고 단숨에 그 매를 가져다가 새벽녘에 천진공에게 바쳤다.

그는 깜짝 놀라며 그제야 우조가 평범한 자가 아님을 알았다. 더불어 일전에 종기를 치료한 일도 우연이 아니었음을 깨닫고 우조 앞에 무릎을 꿇은 채 말했다.

"나는 성인(成人)이 내 집에 와 있는 것도 깨닫지 못하고 거친 말과 몹쓸 예절로 욕을 보였습니다. 어찌 그 죄를 다 씻을 수 있겠습니까? 부디 지금부터 도사(導師, 바른 길로 인도하는 스승)가 되어

나를 인도해주십시오."

천진공은 우조에게 예를 갖추어 절했다.

이처럼 우조의 주변에서는 늘 신비스럽고 이상한 현상들이 나타났다. 그는 출가하여 이름을 혜공으로 바꾸었다.

그는 늘 작은 절에 기거했다. 그리고 언제나 미친 듯이 술에 취하여 삼태기를 진 채 거리를 헤매며 노래하고 춤을 추었다. 사람들은 그를 가리켜 부궤화상(負簣和尙)이라고 불렀다. 그리고 그가 머문 절을 부개사라고 했다. 부개는 '삼태기'를 의미한다.

또한 그는 절의 우물 속으로 들어가면 몇 달씩 나오지 않았다. 그가 우물 속에서 나올 때는 항상 푸른 옷을 입은 신동이 먼저 솟아나왔으며, 우물에서 나와도 그의 옷은 젖어 있지 않았다.

만년에 그는 항사사(恒沙寺, 지금의 영일현 오어사)에 가 있었는데, 그때는 원효와 함께했다. 원효가 모르는 것이 있으면 혜공에게 가서 묻고, 때로는 서로 희롱하기도 했다.

한번은 혜공과 원효가 시내를 따라가면서 물고기를 잡다가 바위 위에 대변을 보았다. 그때 혜공이 원효의 대변을 보며 이렇게 익살을 부렸다.

"그대가 눈 똥은 내가 잡은 물고기가 분명할 것이오."

이런 일이 있었기에 그 절을 오어사(吾魚寺)라고 했다.

한번은 구참공이 산에 놀러 갔다가 산길에서 혜공이 죽어 쓰러져 살이 부어터지고 구더기가 들끓는 것을 보고 오랫동안 슬피 울었다. 그러고는 말고삐를 돌려 성으로 돌아왔는데, 혜공이 만취하여 시장 안에서 노래하며 춤을 추고 있었다.

이처럼 그는 신령스러운 자취가 매우 많았으며, 죽을 때는 공중에 떠서 입적했다. 그의 사리는 셀 수 없을 만큼 많이 나왔다.

일연은 혜숙을 기리어 이렇게 읊었다.

초원에서 맘껏 사냥하고 침상에 누웠으며
술집에서 미친 듯 노래하고 우물 속에서 잠을 잤네.
신발 한 짝 남기고 공중에 떠서는 어디를 가셨는지
한 쌍의 보배로운 불꽃 속의 연꽃이로다.

三國遺事 ──── 이혜동진

원효대사와
요석공주

과부가 된 공주 하나가 요석궁에서 지내고 있었다. 무열왕은 사람을
시켜 원효를 찾아 요석궁으로 데려가게 했다. 이때 원효는 문천교를
지나다가 일부러 물에 빠져서 옷을 적셨다. 원효는 자연스럽게 요석
궁으로 들어갔다. 원효가 궁에서 머물고 나온 뒤 요석공주에게 이내
태기가 있더니 설총을 낳았다.

_권 4 의해, 원효불기(元曉不羈)

원효대사의 속성(俗姓)은 설(薛)씨이다.

원효는 압량군(지금의 장산군) 남쪽 불지촌의 북쪽에 있는 율곡
(栗谷)의 사라수(沙羅樹) 아래에서 태어났다. '사라수'라는 지명에
대해서는 이런 이야기가 전해지고 있다.

원효의 집은 원래 이 골짜기(율곡) 서남쪽에 있었다. 그런데 만
삭이던 그의 어머니가 이 골짜기를 지나다가 밤나무 밑에서 해산
을 하게 되었다. 아무도 없는 다급한 상황이었기 때문에 채 집으
로 돌아가기 전에 남편의 옷을 나무에 걸고 그 아래에서 아기를

낳았다. 그래서 그 밤나무를 사라수라고 부르게 되었다. 또한 그 밤나무의 열매는 보통 나무의 것과 달리 특이하여 지금도 이를 사라율이라 부르고 있다.

율곡에 대해서는 이런 이야기가 전해지고 있다.

옛날에 한 주지가 절의 사노(寺奴)들에게 하루 저녁 끼니로 밤 두 알씩을 주었다고 한다. 그런데 사노들이 끼니가 적다며 관청에 고소를 했다. 관청의 관리는 그 밤을 가져다가 검사해보았다. 그랬는데 밤 한 알이 그릇에 가득 찼다. 그래서 오히려 이후부터는 밤을 한 알씩만 주라고 판결했다. 이런 까닭에 그 밤나무가 있는 골짜기를 율곡이라고 불렀다.

원효는 출가한 뒤 자신의 집을 희사하여 절을 만들었다. 그 절의 이름이 초개사였다. 또한 원효가 태어났던 그 밤나무 옆에도 절을 만들어 사라사라고 했다.

원효의 어머니는 유성이 그녀의 품속으로 들어오는 꿈을 꾸고 태기가 있었으며, 해산할 때는 오색구름이 온 땅을 뒤덮었다. 그 때가 진평왕 39년, 서기 617년이었다.

그는 나면서부터 총명하고 남보다 뛰어나 가르치는 스승 없이 혼자 공부했다. 그는 크게 깨달은 승려였는데, 원효라는 뜻에는 가장 크게 깨달았다는 의미가 있다. 그는 깨달음이 컸기에 승려의 신분으로 아이를 낳기도 했다.

어느 날, 원효는 춘의(春意)가 발동하여 이런 노래를 지어 불렀다.

> 누가 내게 자루 없는 도끼(여자의 성을 상징)를 주려나.
> 나는 하늘을 받칠 기둥을 찍어내리라.

원효는 이 노래를 부르며 길거리로 돌아다녔으나 사람들은 이 노래의 뜻을 알아채지 못했다.

이 노래는 태종 무열왕의 귀에까지 들어갔다. 태종은 노랫말의 의미를 알아채고는 말했다.

"이 법사가 귀부인을 얻어 훌륭한 아들을 낳고 싶어하는구나. 나라에 큰 인물이 나온다면 이보다 좋은 일이 어디 있겠는가?"

이 무렵 과부가 된 공주 하나가 요석궁(瑤石宮)에서 지내고 있었다. 무열왕은 사람을 시켜 원효를 찾아 요석궁으로 데려가게 했다. 이때 원효는 문천교를 지나다가 일부러 물에 빠져서 옷을 적셨다. 원효는 자연스럽게 요석궁으로 들어가게 되었다.

원효가 요석궁에서 머물고 나온 뒤 요석공주(瑤石公主)에게 이내 태기가 있었다. 그 뒤 달이 차자 설총(薛聰)을 낳았다. 설총은 나면서부터 지혜롭고 민첩했는데, 경서와 역사에 두루 통달하여 신라 10현(賢) 중 한 사람이 되었다.

원효는 설총을 낳음으로써 이미 불자의 계율을 어겼기 때문에 속세의 옷으로 바꾸어 입고, 스스로를 소성거사(小姓居士)라고 했다.

당나라에서 들여온 《금강삼매경(金剛三味經)》을 왕과 고승들 앞에서 강론하여 크게 존경받았다.

그 후 참선과 저술을 하며 만년을 보내다가 일흔에 혈사(穴寺)에서 입적했다.

의상대사와
화엄종

의상이 황복사에 있을 때였다. 제자들과 함께 탑돌이를 할 때, 그는 언제나 층계를 밟지 않고 허공을 밟고 올라갔다. 그래서 그 탑에는 사다리를 설치하지 않았다. 그의 제자들도 층계에서 세 자나 떠서 허공을 밟고 돌았다.

_권 4 의해, 의상전교(義湘傳教)

신라 고승 의상법사(義相法師)의 속성은 김(金)씨였는데, 스물아홉 살 때 황복사에서 머리를 깎고 승려가 되었다.

그 후 얼마 지나지 않아 중국으로 건너가고자 원효와 함께 요동까지 갔다. 그때 변방의 고구려 군사가 두 사람을 첩자로 여겨 잡아 가두었고, 수십 일 후에야 간신히 풀려났다.

그 뒤 당고종 때, 당나라 사신이 배를 타고 자기 나라로 돌아가는 자가 있어 그 배를 타고 중국으로 건너가게 되었다. 그는 처음에 양주에 머물다가 얼마 후에 종남산의 지상사로 가서 지엄(智

儼)을 만났다.

지엄은 의상을 만나기 전날 밤 꿈에 큰 나무 하나가 해동에서 생겨나더니 가지와 잎이 널리 퍼져 중국 땅까지 뒤덮는 것을 보았다. 그 가지 위에는 봉황새의 집이 있었는데, 올라가자 여의주 하나가 먼 데까지 빛을 뿜어내고 있었다.

꿈에서 깨어난 지엄은 이상한 기운에 휩싸인 채 절을 깨끗이 청소하고 기다리니 의상이 찾아왔다.

지엄은 특별한 예로써 의상을 맞이한 뒤 나직이 말했다.

"어젯밤 내가 꾼 꿈은 그대가 올 징조였구려."

이렇게 하여 의상은 지엄의 제자가 되었다.

의상은 화엄경(華嚴經)의 미묘한 뜻을 정밀하게 분석하여 나름대로 해석했다. 지엄은 학문을 물어볼 만큼 뛰어난 사람을 만나 새로운 이치를 밝혀낼 수 있었으니, 이것은 제자가 스승을 뛰어넘는 일이었다.

이 무렵 자상사라는 절에는 높은 경지에 오른 도선이 있었다. 도선의 경지는 하늘에까지 닿았는데 그는 하늘의 천사에게서 하루 세끼 공양을 받고 있었다.

의상이 그의 명성을 듣고 찾아가 한 끼 공양을 부탁했다. 그러자 도선은 흔쾌히 받아들여 두 사람이 함께 천사의 공양을 기다리게 되었다. 그런데 아무리 기다려도 천사가 나타나지 않아 결국 그날 의상은 공양을 받지 못하고 돌아가게 되었다.

의상이 돌아간 뒤 천사가 나타나 도선에게 공양을 바쳤다. 도선은 천사를 꾸짖으며 말했다.

"오늘 귀한 손님이 오셔서 함께 공양을 들려고 했는데 왜 이제야 나타나는 것이냐?"

천사가 대답했다.

"저는 예전과 같이 때를 맞춰 공양을 가지고 왔는데, 의상이 사방에 화엄불교의 신병(神兵)들을 거느리고 있어 들어올 수가 없었습니다."

천사의 말을 듣고 도선은 깜짝 놀라 중얼거렸다.

"오, 의상은 신병을 거느리고 다닐 정도구나. 예사로운 스님이 아니야!"

의상은 676년에 태백산으로 돌아와 조정의 뜻을 받들어 부석사를 세우고 대승불교(大乘佛敎, 널리 대중에게 불교를 전함)를 펼쳤다.

의상은 그 뒤 10개의 절에 영을 내려 대승불교를 전파했는데, 태백산 부석사, 원주 비마라사, 가야산 해인사, 비슬산 옥천사, 금정산 범어사, 남악 화엄사 등이 그곳이다.

의상이 황복사에 있을 때였다. 제자들과 함께 탑돌이를 할 때, 그는 언제나 층계를 밟지 않고 허공을 밟고 올라갔다. 그래서 그 탑에는 사다리를 설치하지 않았다. 그의 제자들도 층계에서 세

자나 떠서 허공을 밟고 돌았다. 의상이 제자들을 돌아보며 말했다.

"세상 사람들이 이 광경을 보면 필시 괴이하다 할 것이니, 그들에게는 가르치기가 어려울 것이다."

경흥법사와
걸인 승려

걸인 승려는 말 위에 앉아 있는 경흥법사를 보며 큰 소리로 말했다.
"나야 흔해빠진 마른 고기를 먹는다지만, 저 돌중은 살아 있는 고기를
두 다리 사이에 끼고 있지 않은가?"

_권 5 감통, 경흥우성(憬興遇聖)

신라 제31대 신문왕 때의 고승 경흥(憬興)은 성이 수(水)씨
이며 웅천주 사람이다. 그는 열여덟 살 때 승려가 되어 삼장에 통
달하니 당대의 높은 명망을 얻게 되었다.

서기 681년, 문무왕(文武王)은 숨을 거두기 직전에 태자에게 말
했다.

"경흥법사는 국사가 될 만하니 이 아비의 말을 잊지 말아라."

그 뒤 신문왕이 즉위하자, 부왕의 유언에 따라 경흥법사를 국사
로 삼았다.

그 무렵 문수사라는 절이 있었다. 그 절에는 문수보살을 모셔놓고 있었는데, 법당 안에 있는 문수보살이 이따금 사라졌다가 어느 순간 다시 제자리로 돌아와 있곤 했다. 절의 승려들은 모두 해괴한 일이라고 생각했으나 그 연유를 아는 사람은 아무도 없었다.

한편 국사가 된 경흥법사는 자주 궁궐을 드나들게 되었다. 어느 날, 여느 때와 마찬가지로 경흥법사는 대궐에 들어가기 위해 채비를 하고 있었다.

신라의 최고 승려로 대우를 받는 국사인 만큼 그의 행차 채비는 대단했다. 그는 늘 왕이 내린 화려한 비단 옷을 입었고, 갈기가 무성한 백마, 그리고 말 위에는 금 안장 등 보통 사람들은 구경도 할 수 없는 값진 것으로 장식되어 있었다. 또한 그가 행차할 때는 행인들을 모두 옆으로 물러서게 했다.

그런데 그날 행차에 거지나 다름없는 한 승려가 나타나더니 길을 가로막고 섰다. 그 승려는 자신의 키보다 큰 지팡이를 들고 있었다.

"저리 비키지 못할까? 국사님의 행차이시다!"

호위병들은 호통치며 물러서라고 했으나 그 걸인 승려는 말을 듣지 않았다. 한 병사가 다가가서 보니 그가 걸머지고 있는 바랑에는 마른 물고기가 들어 있었다.

"불자가 비린내 나는 것을 먹다니? 이 형편없는 땡중아! 어서 물러나지 못할까?"

병사는 소리를 지르며 걸인 승려를 밀쳤다. 그러나 걸인 승려는 꿈쩍도 하지 않았다. 오히려 말 위에 앉아 있는 경흥법사를 향해 호통쳤다.

"나더러 땡중이라고 한다면, 저 말 위에 앉아 있는 자는 돌중인 가? 하하하!"

"뭐라? 그 입 닥치지 못하겠느냐?"

호위대장이 나서서 소리쳤으나 걸인 승려는 더욱 큰 소리로 대 꾸했다.

"나야 흔해빠진 마른 고기를 먹는다지만, 저 돌중은 살아 있는 고기를 두 다리 사이에 끼고 있지 않은가?"

말 위에 앉아 있는 경흥법사를 비유해서 한 말이었다. 걸인 승 려는 그 말을 마치자 이내 사라졌다. 문득 경흥법사가 깨닫고는 말에서 내려 그 승려의 뒤를 따라갔다. 걸인 승려는 문수사에 이 르자 짊어지고 있던 바랑을 버린 채 다시 자취를 감췄다.

경흥법사가 다가가서 보니 바랑 안에 있던 마른 물고기는 소나 무 껍질로 변해 있었다. 곧장 문수사 법당 안으로 들어가보니 그 걸인 승려와 비슷하게 생긴 보살상의 어깨에 지팡이가 비스듬히 걸쳐져 있었다.

경흥법사는 그 걸인 승려가 바로 문수사의 보살이었음을 깨달았다. 보살은 경흥법사 사치함을 경계하기 위해 나타났던 것이다. 경흥법사는 그 뒤 다시는 비단옷을 입지 않고 금 안장에도 오르지 않았다.

三
國
遺
事

5

불심으로 소원 성취한
사람들의 이야기

월명사의 도솔가

월명이 도솔가를 지어 부르자 이내 하늘의 해 하나가 사라졌다. 경덕
왕은 월명의 위력에 감동하여 귀한 차 한 봉과 수정으로 만든 백팔
염주를 하사했다.

_권 5 감통, 월명사(月明師) 도솔가(兜率歌)

신라 제35대 경덕왕 19년, 서기 760년 4월 1일이었다. 하
늘에 두 개의 해가 나란히 나타나더니 열흘 동안이나 사라지지
않았다. 해와 달을 관찰하는 일관이 왕에게 아뢰었다.

"이 일은 해와 인연이 있는 스님이 산화공덕(散花攻德, 꽃을 뿌려
부처님께 공양함)을 올리면 물리칠 수 있는 재앙입니다."

경덕왕은 일관의 말에 따라 나라 안에 해와 관련이 있는 승려를
물색하기 시작했다. 이름 높은 고승들을 불러다가 차례로 불경을
읽게 했으나 하늘에는 여전히 두 개의 해가 사라지지 않았다. 그

런 가운데 민심은 점점 흉흉해졌다.

"하늘에 해가 두 개라니? 그렇다면 임금도 둘이 생긴다는 얘기 아닌가?"

백성들은 장차 큰 변란이 일어날 거라며 불안해했다.

산화공덕을 할 만한 승려를 찾지 못해 애가 타던 경덕왕은 어느 날 꿈을 꾸었다. 꿈에 한 신령이 나타나더니 남쪽 길목에 재단을 지어놓고 임금이 몸소 나가 기다리면 반드시 찬불가를 지어 바칠 승려가 지나갈 거라고 말했다.

이튿날 왕은 신령의 말대로 정결히 단을 만들고, 자신이 직접 행차하여 승려가 지나가기를 기다렸다. 그때 남쪽으로부터 걸어오는 승려가 있었다. 왕이 그를 불러 이름을 물어보니 월명(月明)이라고 대답했다. 왕은 어젯밤의 꿈 이야기를 들려주었다.

"그러니 그 신령의 말대로 찬불가를 하나 지어 불러주시오."

왕이 청하자 월명이 대답했다.

"저는 그저 화랑의 무리를 따라 다닌 사람이라 찬불가는 지을 줄 모르고 겨우 향가만 조금 알 뿐입니다."

"그대는 이미 신령이 일러준 그 사람이니 찬불가 대신 향가라도 한 수 지어 제를 올려주시오."

왕명을 받들어 월명은 도솔가를 지어 바쳤다.

오늘 산화가(散花歌)를 불러 꽃을 뿌리니
너는 곧은 마음의 명령을 심부름하여
미륵좌주(彌勒座主)를 뫼셔라.

이 향가를 풀이하면 이렇다.

오늘 용루에서 산화가를 부르니 뿌려지는 꽃이여,
너는 고운 마음의 살아 있는 사신이 되어
멀리 도솔천의 미륵불을 맞이하라.

지금 세간에서는 이를 산화가라고 하지만 잘못이다. 당연히 도솔가라고 해야 할 것이다. 산화가는 따로 있으나 너무 길어서 여기에 싣지 않는다.

월명이 도솔가를 지어 부르자 이내 하늘의 해 하나가 사라졌다. 경덕왕은 월명의 위력에 감동하여 귀한 차 한 봉과 수정으로 만든 백팔염주를 하사했다.

三國遺事 — 도솔가

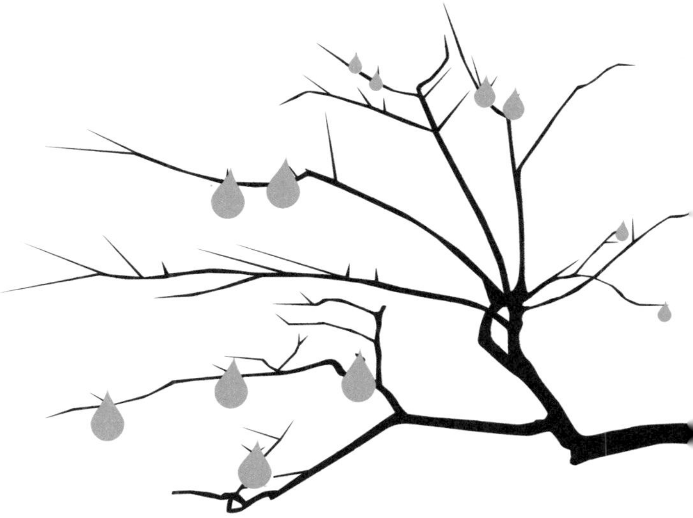

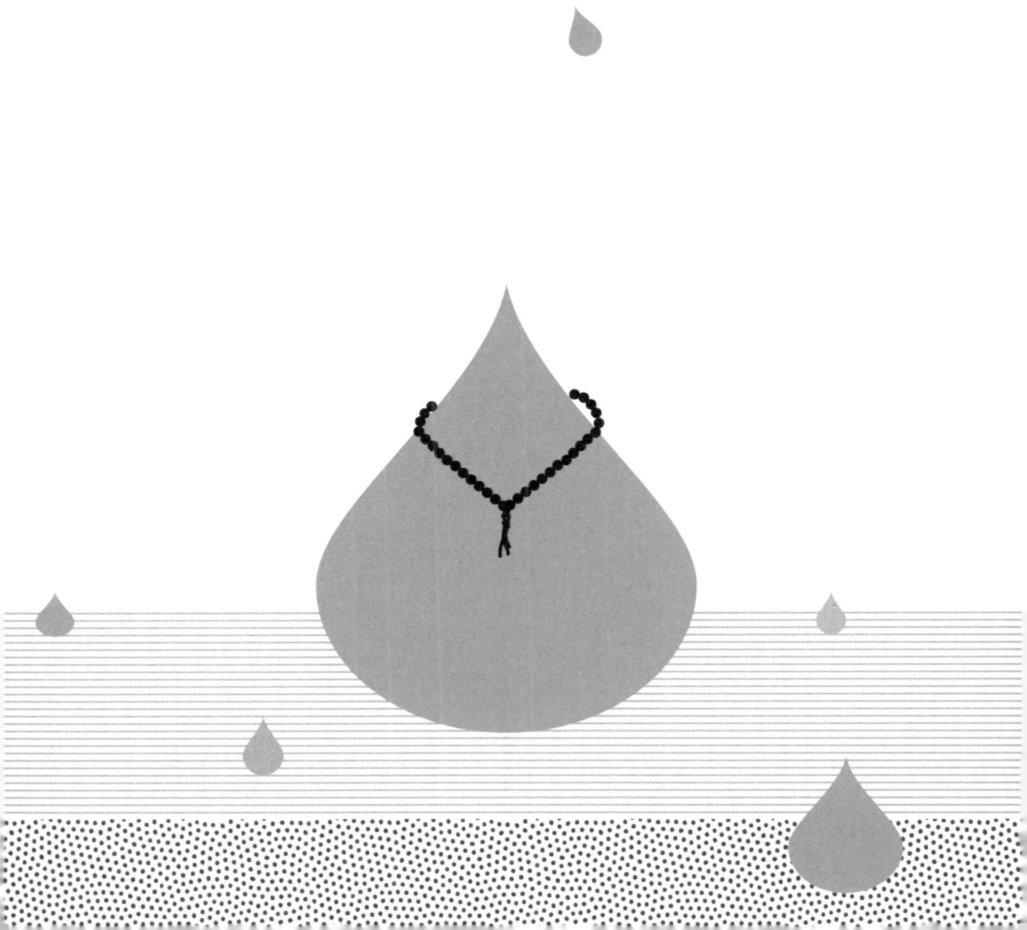

월명사의 제망매가

월명이 오래전에 먼저 간 누이동생을 위해 제사를 준비하고 있었다. 그때 갑자기 어디선가 거센 회오리바람이 몰려왔다. 주위에 있던 사람들은 급히 나무나 바위 뒤로 몸을 숨겼다. 그러나 월명은 차분하게 향가 한 수를 지어 불렀다.

_권 5 감통, 월명사(月明師) 도솔가(兜率歌)

월명은 늘 사천왕사에서 지냈는데, 피리를 잘 불었다.

어느 날, 사천왕사의 문 앞에 있는 큰길을 피리 불며 걸어가는데, 갑자기 달이 운행을 멈추었다. 이 일이 있은 뒤부터 그 자리를 월명리라고 했으며, 월명사라는 이름도 그때부터 불리게 되었다.

이런 일도 있었다. 월명이 오래전에 먼저 간 누이동생을 위해 제사를 준비하고 있었다. 그때 갑자기 어디선가 거센 회오리바람이 몰려왔다. 주위에 있던 사람들은 급히 나무나 바위 뒤로 몸을 숨겼다. 그러나 월명은 차분하게 향가 한 수를 지어 불렀다.

생과 사의 길이 이승에 있으매 두려워지고

나는 가노란 말도 하지 못하고 떠나는구나.

어느 가을 이른 바람에 여기저기 떨어지는 잎과 같이

한 가지에 나서 가는 곳을 모르누나.

아, 미타찰(彌陀刹, 극락세계)에서 너를 만날 나는

도를 닦으며 기다리련다.

월명이 이 노래를 부르자 바람이 곧 멈추었다.

신라에는 향가를 숭상하는 자가 많았다. 향가는 대개 시(詩), 송(頌)과 같은 것이었다. 그러므로 향가로써 천지와 귀신을 감동시킨 예가 한두 가지가 아니었다.

223

귀신을 물리친
밀본법사

三國遺事 5

선덕여왕의 병이 오래도록 낫지 않자 밀본법사는 약사경을 읽기 시작했다. 곧 육환장 지팡이가 왕의 침실 안으로 날아 들어가더니 늙은 여우 한 마리를 찔러 뜰아래로 내동댕이쳤다.

_권 5 신주, 밀본최사(密本摧邪)

신라 선덕여왕이 오랫동안 병중에 있었다. 여러 의원과 유명한 승려들이 왕의 부름을 받고 병을 다스리려 하였지만 별 차도가 없었다.

이 무렵 신라에는 밀본법사의 덕행이 널리 알려져 있었다. 그래서 신하들이 왕에게 밀본법사를 청하여 올리자, 왕은 그를 궁 안으로 불러들였다.

밀본은 왕의 병을 고치기 위해 다른 사람들과는 다른 방법을 썼다. 왕의 침실 밖에서 약사경(藥師經)을 읽기 시작한 것이다.

"그렇게 해가지고 왕의 병이 나을 수 있겠소?"

신하들이 의아해하며 물었으나, 밀본은 대답 없이 지극 정성으로 약사경만 거듭 읽었다.

어느 날, 약사경의 효험이 발동했는지 밀본이 갖고 있던 육환장(六環杖, 지팡이)이 침실 안으로 날아 들어가더니 늙은 여우 한 마리를 찔러 뜰아래로 내동댕이쳤다.

그러자 왕의 병은 씻은 듯이 나았다. 이때 밀본의 이마 위로는 오색의 신비스러운 광채가 뿜어져 나왔는데, 보는 사람 모두가 놀랐다.

선덕여왕 때 김양도라는 어진 재상이 있었다. 그가 어렸을 때의 일이다.

김양도는 어려서부터 남달리 총명하여 눈으로 귀신을 보는 비상한 재주를 갖고 있었다. 어느 날, 갑자기 그의 입이 붙어버리고 몸이 굳어, 말도 못할뿐더러 수족도 움직일 수가 없게 되었다. 그런데 그가 보니, 항상 큰 귀신 하나가 작은 귀신을 데리고 와서 집 안에 있는 모든 음식을 맛보는 것이었다. 또한 그의 부모가 무당을 불러와서 제사를 지내면 그 귀신들은 떼를 지어 몰려와 깔보며 욕을 해댔다. 그는 귀신들에게 물러가라 소리치고 싶었지만 입이 붙어 말을 할 수 없었다.

김양도의 아버지는 법류사의 승려를 데려와 불경을 청하여 읽게 했다. 그랬더니 큰 귀신은 작은 귀신에게 명하여 쇠망치로 승려의 머리를 때리게 했다. 승려는 그 자리에서 피를 토하며 죽고 말았다.

며칠 뒤, 김양도의 아버지는 마지막으로 사람을 보내 밀본법사를 모셔오게 했다. 심부름 갔던 자가 돌아오더니 말했다.

"밀본법사께서 저희 청을 받아들여 오시겠다고 했습니다."

귀신들은 이 말을 듣고 모두 얼굴빛이 변했다. 작은 귀신이 말했다.

"법사가 오면 이롭지 못할 테니 일단 피하는 것이 좋겠습니다."

그러나 큰 귀신은 거만을 부리며 태연히 말했다.

"이롭지 못할 게 뭐 있겠느냐? 그냥 여기 있어보자."

그런데 그 말이 채 끝나기도 전에 사방에서 쇠 갑옷과 긴 창으로 무장한 대력신(大力神)이 나타나더니 귀신들을 잡아 꽁꽁 묶어버렸다. 또한 잠시 후에는 수많은 천신이 둘러서서 누군가를 기다렸다.

조금 뒤에 밀본이 도착했는데, 그가 경을 읽기도 전에 김양도의 병은 다 나아서 말도 하고 몸도 움직일 수 있게 되었다. 그 후 김양도는 평생 게을리하지 않고 독실하게 불교를 믿었다.

교룡을 굴복시킨 혜통

혜통은 검은 콩 한 말을 금그릇에 넣고 주문을 외웠다. 그러자 검은 갑옷을 입은 신병으로 변했다. 검은색의 신병은 병마와 싸웠다. 마침내 병마가 싸움에서 밀리더니 교룡으로 변신하여 달아났다. 이로써 공주의 병이 말끔히 나았다.

_권 5 신주, 혜통항룡(惠通降龍)

문무왕 때의 신라 승려 혜통(惠通)이 어렸을 때의 일이다.

하루는 집 동쪽의 시냇가에서 놀다가 물개 한 마리를 죽이고, 그 뼈를 동산에 내버렸다.

그런데 이튿날 새벽에 그 자리에 가보니 물개의 뼈가 보이지 않았다. 그래서 핏자국을 따라 찾아가 보았더니, 그 뼈는 원래 물개가 살던 굴속으로 돌아가 다섯 마리의 새끼를 안고 쭈그린 채 앉아 있었다.

그는 그 광경을 보자 너무 놀라 한참 넋을 놓았다. 정신이 돌아왔을 때 그는 이번에는 큰 감동을 받아 마침내 속세를 버리고 출가하여 이름을 혜통이라고 고쳤다.

혜통은 뜻한 바가 있어 당나라로 건너갔다. 그는 그곳에서 무외삼장(無畏三藏)을 찾아가 불법을 가르쳐주기를 청했다. 그러자 삼장이 말했다.

"우이(隅夷, 모퉁이 오랑캐 나라, 즉 신라) 출신이 어찌 불도를 닦는다고 하느냐?"

그는 혜통에게 불도를 가르쳐주지 않았다. 혜통은 쉽사리 물러나지 않고 3년간 쉼 없이 배우기를 청했다. 그래도 무외는 허락하지 않았다.

혜통은 너무 애가 타서 마지막으로 자신의 비장한 각오를 몸으로 보여주었다. 그는 뜰에 서서 화로를 머리에 이고 섰다. 잠시 뒤에 그의 정수리가 터지면서 우레와 같은 소리가 퍼졌다.

무외가 소리를 듣고 달려 나와 그 광경을 보았다. 무외는 화로를 치우고 손가락으로 터진 곳을 만지며 주문을 외우니 상처가 아물었다. 정수리가 터진 부위에는 왕(王) 자 모양의 흉터가 생겼다. 이 때문에 혜통은 왕화상(王和尙)이라고 불렸다.

혜통의 깊은 인품을 인정하여 무외는 그에게 인결(印訣, 이심전심하는 심법의 비결)을 전해주었다.

이 무렵 당나라 황실의 공주가 병을 앓고 있었다. 당고종은 무외에게 치료해주기를 청했다. 그러자 무외는 자기 대신 혜통을 천거했다.

혜통이 명을 받고 다른 곳에 거처하면서 공주의 병을 치료하기로 했다. 그는 우선 흰 콩 한 말을 은그릇에 넣고 주문을 외웠다. 그러자 콩이 변하여 흰 갑옷을 입은 신병(神兵)이 되었다. 신병들은 병마들을 쫓으려 했으나 이기지 못했다.

혜통은 다시 검은 콩 한 말을 금그릇에 넣고 주문을 외웠다. 그러자 콩이 검은 갑옷을 입은 신병으로 변했다. 이번에는 검은색과 흰색의 신병이 힘을 합쳐 병마와 싸웠다. 마침내 병마가 싸움에서 밀리더니 교룡(蛟龍, 뱀처럼 생긴 용)으로 변신하여 달아났다. 이로써 공주의 병이 말끔히 나았다.

교룡은 혜통이 자기를 쫓아낸 것에 원한을 품고, 그의 고국인 신라 문잉림(文仍林)으로 가서 사람들을 마구 해쳤다. 교룡의 횡포가 너무 심하자 정공(鄭恭)이 당나라 사신으로 왔다가 혜통을 만나 그 사정을 이야기했다.

"스님이 쫓아낸 교룡이 우리나라로 와서 그 피해가 극심하니 빨리 가서 없애주십시오."

서기 665년, 혜통은 정공과 함께 신라로 돌아와 교룡을 쫓아버렸다. 그런데 교룡은 정공에게 원한을 품고, 이번에는 버드나무로 변하여 정공의 문 밖에 심어져 자랐다. 정공은 그 사실을 알지 못한 채 다만 그 무성한 줄기와 잎만을 좋아하여 꽤 아꼈다.

그 무렵, 신문왕이 세상을 뜨자 효소왕이 즉위하여 능의 터를 닦고 장례 행렬이 지나가는 길을 잘 정비하라고 명했다. 그런데 그 장례 행렬이 지나는 정공의 집 앞에 버드나무가 있었다. 장례 준비를 맡은 한 신하가 정공에게 말했다.

"저 버드나무가 길을 막고 서 있으니 베어야겠습니다."

정공이 노기 띤 음성으로 대꾸했다.

"차라리 내 머리를 베시오. 이 나무는 절대 베지 못하오."

신하가 이 말을 그대로 왕에게 고하자, 격노한 왕이 명했다.

"정공이 왕화상의 신술을 믿고 장차 불손한 일을 도모하려 왕명을 거역하고 있구나. 제 머리를 베라고 하니 마땅히 그가 원하는 대로 해주어야 할 것이다."

그렇게 정공을 베어 죽이고 그의 집을 흙으로 묻어버렸다. 그런 다음 조정에서는 그 후환을 없애고자 논의했다.

"정공과 왕화상은 매우 절친한 사이였습니다. 혹시 이번 일로 왕화상이 원한을 품을지도 모르는 일입니다."

"그렇습니다. 그러니 먼저 선수를 쳐서 그를 처치해야 할 것입니다."

왕은 그 의견을 받아들여 병사들을 보내 혜통을 잡아오도록 명했다.

그때 혜통은 왕망사에 머물고 있었다. 그는 병사가 오는 것을 미리 알고 법당의 지붕 위로 올라가 기다리고 있었다. 병사들이 도착하자 그는 붉은빛의 먹물에 붓을 적시며 외쳤다.

"내가 하는 것을 잘 보거라!"

혜통은 병사들에게 목이 긴 병 모양의 그릇을 들어 보였다. 그러고는 이내 병의 목 부근에 붉은 금을 빙 둘러 그으면서 말했다.

"자, 이제 너희들의 목을 서로 살펴보아라."

그들이 서로의 목을 보니 놀랍게도 모두 붉은 획이 그어져 있었다. 혜통이 다시 소리쳤다.

"만약 내가 이 병의 목을 치면 너희의 목도 잘릴 것이다. 자, 어찌하겠느냐?"

병사들은 궁궐로 돌아가 왕에게 붉은 획이 그어진 목을 보여주며 사실을 고했다.

"그의 신통력을 사람의 힘으로 어찌 막겠느냐?"

왕은 혜통을 그대로 내버려두었다.

그로부터 몇 달이 지났다. 이번에는 왕이 어쩔 수 없이 다시 혜통을 궁궐로 불러들이는 입장이 되었다. 왕비가 지독한 병에 걸렸기 때문이다. 혜통은 궁궐로 들어가 손쉽게 왕비의 병을 치료했다. 왕은 크게 기뻐하며 혜통을 치하했다. 혜통이 말했다.

"일전에 정공은 교룡의 농간 때문에 억울하게 죽은 것입니다."

혜통은 정공이 아긴 버드나무가 교룡의 화신이었음을 왕에게 알려주었다. 왕은 진심으로 뉘우쳐 정공의 처자들을 풀어주었다. 그리고 혜통을 국사로 삼았다.

한편, 교룡은 정공에게 원수를 갚은 뒤 기장산으로 옮겨갔다. 그러고는 그곳의 웅신(熊神)이 되어 더욱 심하게 해독을 끼치자 백성들이 몹시 괴로워했다.

혜통은 그 산속으로 들어가 교룡을 달래고 부살계(不殺戒, 살생을 금하는 계율)를 가르쳤다. 그제야 교룡은 악행을 멈추었다.

신인종의 시조, 명랑법사

명랑법사는 당나라에서 유학을 마치고 돌아오는 길에 해룡의 청으로 용궁에 들어가 신통력을 배우고 황금 천 냥을 시주받았다. 그러고는 몰래 땅 밑으로 와 자기 집 우물 밑에서 솟아나왔다.

_권 5 신주, 명랑신인(明朗神印)

《금광사(金光寺)》〈본기(本記)〉에 의하면, 명랑법사(明朗法師)는 신라에서 태어나 당나라에 들어가 도를 배우고 3년 만에 돌아왔다. 그는 돌아오는 길에 해룡(海龍)의 청으로 용궁에 들어가 신통력을 배우고 황금 천 냥을 시주받았다. 그러고는 몰래 땅 밑을 통해 자기 집 우물 아래에서 솟아나왔다.

그 뒤 그는 자기 집을 헐고 절을 지었는데, 용왕이 시주한 황금으로 탑과 불상을 장식하니 광채가 찬란하게 빛났다. 그리하여 그 절의 이름을 금광사라고 했다.

명랑은 법사의 이름이고, 자는 국육(國育)이며, 신라의 사간 재량(才良)의 아들이다. 어머니는 남간부인 혹은 법승량이라고도 하는데, 자장율사(慈藏律師)의 누이동생이다.

재량에게는 세 아들이 있었다. 맏아들은 국교대덕(國教大德)이고, 둘째는 의안대덕(義安大德)이며, 막내가 명랑이다. 명랑을 잉태할 때 그의 어머니는 푸른빛이 감도는 구슬을 입으로 삼키는 꿈을 꾸었다.

명랑은 신라 선덕왕 원년, 632년에 당나라로 갔다가 635년에 귀국했다.

서기 668년, 문무왕 8년이었다. 당나라 장수 이적이 대군을 거느리고 신라군과 합세하여 고구려를 멸망시켰다. 이후 남은 군사를 백제에 머물게 하고 장차 신라를 쳐서 멸망시키려고 했다. 신라 사람들은 그 기미를 알아채고 군사를 세워 이를 막았다. 당나라 고종이 이 말을 듣고 격노하여 설방이라는 장수에게 명하여 군사를 일으켜 신라를 치고자 했다.

문무왕이 이 소식을 듣고 근심하여 명랑법사에게 묘책을 청했다. 그러자 명랑은 절을 지어 도량(道場, 부처와 보살이 머무는 신성한 곳)을 열면 막아낼 수 있다고 진언했다.

그러나 미처 절을 다 짓기도 전에 적군이 국경에 다다랐다는 급보를 받았다. 명랑은 오색비단으로 절을 짓고, 풀로 오방신장(五方神將, 동서남북과 중앙의 5방위를 지키는 신)을 만들었다. 그리고 명승(名僧) 12명을 불러 모아 문두루비법(文豆婁秘法, 신인비법 혹은 만트라비법이라고도 한다)으로 기원을 드리게 했다. 이내 풍랑이 일었고 당나라군을 물리쳤다. 뒤에 당나라군 5만이 다시 침입했을 때도 같은 방법으로 격퇴했다.

그 뒤 절을 완공하여 사천왕사라고 하였다. 이로 인해 진언종(眞言宗)의 별파인 신인종(神印宗)의 시조가 되었다.

훗날 태조(왕건)가 나라를 세울 때도 해적이 침범했다. 그러자 안혜, 낭융의 후예인 광학(廣學)과 대연(大緣) 두 고승을 불러들여 문두루비법을 써 해적을 진압했는데, 이들은 모두 명랑의 제자였다.

태조는 두 고승을 위해 현성사(現聖寺)라는 절을 세웠으며, 신인종의 근본 도량이 되었다.

고려 시대의 불교 종파는 대부분 중국으로부터 이어받은 것이었으나, 명랑의 종파만큼은 순수하게 우리나라에서 시작되었다.

우리 신이 된 중국 공주

신모는 원래 중국 황실의 공주였으며, 이름은 사소라고 했다. 그녀는 일찍이 신선의 술법을 배운 뒤 신라에 왔는데, 오랫동안 자기 나라로 돌아가지 않았다.

_권 5 감통, 선도성모(仙桃聖母) 수희불사(隨喜佛事)

진평왕 때 지혜(智惠)라는 비구니가 있었다. 그녀는 행실이 어진 인물이었는데, 안흥사에 머물고 있을 때 절을 새로 수리하려고 마음먹었다. 그러나 재력이 모자라 선뜻 실행에 옮기지 못하였다.

어느 날 꿈속에 구슬로 머리를 아름답게 장식한 선녀가 나타나 그녀에게 말했다.

"나는 선도산(경주에 있는 서산)의 신모(神母)이다. 네가 불전을 수리하려는 마음이 너무 갸륵하여 금 열 근을 주어 도우려고 한다.

내가 지금 앉아 있는 자리 밑에서 금을 꺼내다가 불전과 불상들을 수리하도록 해라. 그리고 매년 삼월과 구월의 십 일이 되면 남녀 신도를 많이 모아 널리 중생을 위한 법회를 베풀도록 해라."

선녀는 그 말을 남기고 사라졌다.

잠에서 깨어난 지혜는 꿈속의 선녀가 말한 산으로 가서 신모 자리 밑을 파보았다. 그랬더니 정말 황금 160냥이 묻혀 있었다. 지혜는 그 황금을 꺼내 불전을 말끔하게 수리했다.

신모는 원래 중국 황실의 공주였다. 그녀의 이름은 사소(娑蘇)라고 했으며, 일찍이 신선의 술법을 배운 뒤 신라에 왔는데, 오랫동안 자기 나라로 돌아가지 않았다.

그러자 그의 아버지인 황제는 솔개의 발에 편지를 매달아 그녀에게 보냈다.

'솔개가 머무는 곳에 집을 지어라.'

신모가 편지를 읽은 뒤 솔개를 날려 보내자, 그녀가 지금 거주하고 있는 선도산에 날아와 멈추었다. 그래서 그녀는 선도산에 절을 짓고 오래 머물러 지선(地仙)이 되었다. 그 때문에 그 산의 이름을 서연산(西鳶山)이라고도 했다.

신모는 오랫동안 선도산에 머물며 나라를 평온하게 지켰으며, 신령스런 일을 많이 베풀었다.

신라 제54대 경명왕은 매사냥을 즐겨 했다. 한번은 왕이 선도 산으로 사냥을 나왔고, 매를 잡았다가 잃어버렸다. 그러자 왕은 신모에게 기도를 올렸다.

"만일 날아간 매를 다시 잡게 해준다면 신모께 작위(爵位)를 드리겠습니다."

기도가 끝난 지 얼마 되지 않아 매가 스스로 날아와 왕의 발밑에 앉았다. 그리하여 왕은 신모를 대왕의 작위에 봉했다.

당초 사소공주는 진한에 와서 성자(聖子)를 낳아 동국(東國)의 시조 임금이 되었으니, 아마도 혁거세와 알영 두 성인을 낳았을 것이다. 그러므로 계룡이니 계림이니 하는 말이 나오게 된 것이다. 이는 닭이 서쪽에 속해 있기 때문이다.

《국사》에 보면 사신(史臣)이 이렇게 말하는 대목이 있다.

김부식이 일찍이 사신으로 송나라에 갔는데, 어느 당(堂)에 여선(女仙)의 상(像)이 모셔져 있었다. 이것을 보고 송나라 학사가 말했다.

"이 상은 귀국의 신인데 공은 알고 있습니까?"

김부식이 잘 모르겠다고 하자 그가 말을 이었다.

"옛날 중국 황실의 공주가 바다를 건너 진한으로 가서 아들을 낳았더니 그가 해동(海東)의 시조가 되었습니다. 또한 그 여인은 지선이 되어 지금까지 선도산에 있습니다. 이것이 바로 그 여인의 상입니다."

이제 신모는 선한 마음을 가진 사람에게 황금을 주어 불타를 만들게 하고, 중생을 위하여 법회를 열도록 했다.

이것을 보면 선(善)이 무엇인지 알 수 있지 않은가. 어찌 오래 사는 술법만을 배워 저 아득한 것에만 얽매여 있는 것인가.

서방정토로 간 욱면

서쪽 하늘에서 음악 소리가 들려오더니 갑자기 욱면의 몸이 솟구쳐 올랐다. 그러고는 불당의 천장을 뚫고 올라가 서쪽 교외로 날아갔다. 그런 다음 욱면은 육신을 버리고 부처님의 몸으로 변하여 연화대에 앉아 큰 빛을 발하면서 천천히 서쪽으로 흘러가버렸다.

_권 5 감통, 욱면비(郁面婢) 염불서승(念佛西昇)

　　신라 제35대 경덕왕 때였다. 남자 신자 수십 명이 정성껏 극락세계를 구하기 위해 자기 고을에 미타사(彌陀寺)라는 절을 세우고 1만 일 동안 기도회를 열었다. 그때 귀진(貴珍)이라는 사람의 집에 계집종 하나가 있었는데, 이름이 욱면(郁面)이었다.

　욱면은 주인을 모시고 절에 왔는데, 불당에는 들어가지 못하고 마당에 서서 승려를 따라 열심히 염불을 외우곤 했다. 그런데 주인은 늘 그녀가 자신의 신분에 맞지 않는 짓을 한다며 못마땅히 여겼다. 그래서 주인은 욱면에게 곡식 두 섬을 하룻밤 동안 찧으라고 명했는데, 그녀는 초저녁에 곡식을 다 찧어놓고는 절로 달려가서 염불을 외웠다.

그렇게 하기를 밤낮으로 게을리하지 않자 마침내 하늘에서 소리가 들렸다.

"욱면랑은 당(堂)에 들어가서 염불하라."

절의 승려들은 이 소리를 듣고 욱면에게 불당으로 들어가 전과 같이 기도에 정진하라고 했다. 그러자 서쪽 하늘에서 음악 소리가 들려오더니 갑자기 욱면의 몸이 솟구쳐 올랐다. 그러고는 불당의 천장을 뚫고 올라가 서쪽 교외로 날아갔다. 그런 다음 욱면은 육신을 버리고 부처님의 몸으로 변하여 연화대에 앉아 큰 빛을 발하면서 천천히 서쪽으로 흘러가버렸다.

그때까지도 하늘에서 들리는 음악 소리는 그치지 않았다. 그 불당의 천장에는 지금도 구멍 뚫린 곳이 남아 있다고 한다.

《승전(僧傳)》에 나오는 욱면의 이야기는 이러하다.

죄를 지어 죽은 뒤에 짐승이 된 어떤 사람이 있었다. 그는 부석사의 소가 되었다.

어느 날, 그 소가 불경을 등에 싣고 가다가 불경의 힘을 입어 귀진이라는 사람의 집 계집종으로 태어났는데, 이름을 욱면이라고 했다.

욱면은 일이 있어 하기산에 갔다가 꿈에 감응을 받아 마침내 불도를 닦을 마음이 생겼다.

　귀진의 집은 혜숙법사(惠宿法師)가 세운 미타사에서 그리 멀지 않았다. 귀진은 늘 미타사에 가서 염불을 외웠는데, 언제나 욱면도 함께 따라갔다. 그런데 그녀는 법당에는 들어가지 못했기 때문에 항상 뜰에서 염불을 외웠다.

　욱면은 그것을 9년 동안이나 끊이지 않고 계속했다.

　그러던 어느 날, 욱면은 예불을 올리다가 불당의 대들보를 뚫고 올라갔다. 그녀가 소백산에 이르러 신발 한 짝을 떨어뜨렸는데, 그곳에 터를 삼아 보리사라는 절을 지었다.

　또한 그 산 밑에 그녀의 육신이 버려졌는데, 그곳에는 제2의 보리사를 짓고 '욱면등천지전(勖面登天之殿)'이라는 이름의 현판을 달았다. 불당 천장에 뚫린 구멍은 열 아름이나 되었다. 하지만 거센 비나 폭설이 내려도 불당 안이 젖지 않았다.

　욱면이 간 뒤 그 주인 귀진도 자신의 집에 신비로운 사람이 머물러 살았던 곳이라 하여, 집을 희사해 절을 만들었다. 그 절을 법왕사라고 했다.

광덕의 원왕생가

밖에서 들리는 소리에 엄장은 문을 벌컥 열어젖히며 뛰어나갔다. 주위를 살펴보니 사람은 없고, 구름 위에서 하늘의 음악 소리가 들려오고, 밝은 빛이 땅까지 길게 드리워져 있었다. 이튿날 엄장은 광덕이 사는 집으로 찾아갔다. 과연 광덕은 세상을 떠난 뒤였다.

_권 5 감통, 광덕(光德)과 엄장(嚴莊)

신라 제30대 문무왕 때 광덕과 엄장이라는 두 승려가 살고 있었다. 이 둘은 매우 친한 사이였다. 그들은 늘 먼저 극락으로 가는 사람은 꼭 알려주자며 굳게 약속했다.

광덕은 분황사 서쪽 마을에 아내와 함께 은거하여 신 삼는 것을 생업으로 삼고 있었다. 그리고 엄장은 남쪽에 있는 산에 암자를 짓고, 큰 규모의 경작을 하며 살았다.

어느 날, 해 그림자가 붉게 노을을 드리우고 솔 그늘이 고요히 저물어갈 무렵에 엄장은 창밖에서 들려오는 소리를 들었다.

"나는 이제 서쪽으로 가니 그대는 이승에서 잘 지내다가 속히 나를 따라오도록 하게."

엄장은 문을 벌컥 열어젖히며 뛰어나갔다. 주위를 살펴보니 사람은 없고, 구름 위에서 하늘의 음악 소리가 들려오고, 밝은 빛이 땅까지 길게 드리워져 있었다.

이튿날 엄장은 광덕이 사는 집으로 찾아갔다. 과연 광덕은 세상을 떠난 뒤였다. 엄장은 광덕의 아내와 함께 친구의 유해를 거두어 장사 지냈다. 장사를 다 치르고 나서 엄장이 광덕의 부인에게 말했다.

"이제 남편이 죽어 의지할 곳이 없어졌으니 나와 함께 지내는 것이 어떻겠소?"

광덕의 아내는 엄장의 말에 수긍하여 그의 집에 머물기로 했다.

그렇게 며칠이 지났다. 엄장은 이제 아내를 얻었으니 잠자리를 같이하는 것은 자연스런 일이라고 생각하여 밤에 그녀를 품으려고 했다. 그러자 그녀는 단호하게 엄장을 밀쳐내며 말했다.

"이러고도 엄장 스님이 서방정토를 구하는 것은, 마치 나무에 올라가서 물고기를 구하는 것과 같습니다."

이 말에 엄장은 멋쩍기도 하고 이상하기도 하여 물었다.

"광덕도 그대를 품었지만 지금 서쪽 극락으로 갔는데 어찌하여 나는 안 된다는 것이오?"

광덕의 아내가 말했다.

"죽은 남편은 나와 십여 년을 함께 살았지만 단 하룻밤도 함께 잠자리를 하지 않았습니다. 그런데 이제 와서 제가 어찌 몸을 더럽히겠습니까? 그분은 밤마다 단정히 앉아서 한결같은 목소리로 아미타불을 외며 정진하셨습니다. 그분은 달관의 경지에 이르러 밝은 달빛이 창에 비치면 이따금 그 빛 위에 올라 가부좌를 하였습니다. 정성을 쏟음이 이와 같았으니 비록 서방정토에 가지 않으려 한들 어디 갈 데가 또 있겠습니까?"

그녀는 잠시 엄장의 눈을 바라본 뒤 다시 말을 이었다.

"대개 천 리 길을 가고자 하는 사람은 그 첫걸음부터 알 수가 있는 법, 지금 스님이 하는 행동은 동방으로 가려는 것이지 서방으로 가겠다는 게 아닙니다."

엄장은 그녀의 말을 듣고 몹시 부끄러워 방에서 물러 나왔다. 그는 그 길로 원효법사를 찾아갔다. 그러고는 간곡하게 가르침을 구했다. 그러자 원효는 정관법(淨觀法)을 만들어 그를 가르쳤다.

그 후 엄장은 자기 몸을 깨끗이 하고 잘못을 뉘우쳐 스스로 호되게 꾸짖었다. 그렇게 한뜻으로 도에 정진하여 마침내 그 역시 서방정토로 갔다.

광덕의 아내는 바로 분황사의 계집종이었는데, 관음보살이 중생을 교화하기 위해 각기 다른 열아홉 가지의 몸으로 나타나는 십구응신(十九應身) 중 하나였다.

　광덕은 일찍이 다음과 같은 향가를 지어 불렀다.

　　　　달아,

　　　　이제 서방까지 가시려오.

　　　　무량수불 앞에

　　　　다시 알리어 말씀하소서.

　　　　다짐 깊으신 부처님께

　　　　두 손 간절히 모아

　　　　가고파라, 가고파라

　　　　그리는 사람 있다고 아뢰소서.

　　　　아아, 이 몸 보내주고

　　　　사십팔대원(四十八大願, 마흔여덟 가지 큰 서원誓願) 이루소서.

　이 향가는 '원왕생가(願往生歌)'라는 이름으로 불리고 있다.

무덤에서 다시 살아난 선율

선율은 생전에 대반야바라밀다경을 작업하여 업적을 이루려 했으나, 완성하지 못하고 상제에게 불려갔다. 상제는 그의 공이 갸륵하여 다시 세상으로 내려보내 소원을 이루도록 하였다. 지상에서 마지막으로 묻혀 있던 무덤 속으로 돌아왔다. 선율은 컴컴한 무덤 속이라 밖으로 나갈 수 없어 사흘 동안 쉬지 않고 외쳤다. 지나가던 목동이 그 소리를 듣고 스님들에게 알려 선율은 세상에 다시 나올 수 있었다.

_권 5 감통, 선율환생(善律還生)

망덕사(현재 경주 배반동에 절터가 있음)의 승려 선율은 중생들에게 시주받은 돈으로 모두 600여 권에 이르는 대반야바라밀다경(大般若波羅密多經)을 작업하여 업적을 이루고자 했다. 그러나 작업이 채 끝나기도 전에 저승사자에게 잡혀 하늘나라로 가게 되었다.

선율이 저승에 당도하자 상제가 물었다.

"너는 인간 세상에서 무슨 일을 하였느냐?"

선율이 대답했다.

"별로 한 일은 없사오나 방덕사에 머물면서 대반야바라밀다경을 보급하기 위해 경판을 새기다가 완공을 못 보고 이렇게 왔습니다."

상제는 고개를 끄덕이며 말했다.

"네 수명이 다해 끌고 오긴 했지만 좋은 일을 하다가 다 이루지 못하고 왔다니 아까운 일이로구나. 내 특별히 네게 기회를 줄 터이니 다시 인간 세상으로 돌아가 소원을 이루도록 하라."

상제는 선율을 다시 세상으로 내려보냈다.

선율이 지상으로 돌아오다가 도중에 한 여인을 만났다. 그녀는 선율에게 다가오더니 절을 올린 뒤 슬피 울면서 말했다.

"스님, 저도 신라인이옵니다."

선율은 신라인이라는 말에 반가움을 느꼈다.

"그런데 어찌 그리 슬피 우시오?"

여인이 자신의 사연을 말했다.

"제 생전에 저희 부모가 금강사의 논 한 이랑을 몰래 빼앗은 일이 있었습니다. 저는 그 죄에 연좌되어 저승에 잡혀 와 십오 년 동안 몹시 괴로움을 받고 있답니다. 그러니 스님께서 고향으로 돌아가시거든 제 부모께 알려 속히 그 논을 돌려주도록 해주십시오."

"그렇게만 전하면 되는 것이오?"

"그리고 제가 세상에 있을 때 저희 집 상 밑에 참기름을 숨겨두었고, 곱게 짠 베를 침구 사이에 감추어두었습니다. 그러니 스님께서는 그 기름을 가져다가 불등(부처 앞에 올리는 등불)을 밝히시고, 베는 팔아서 스님이 경전을 이루시는 데 보태주십시오. 그렇게 해주셔야 황천에서도 부처님의 은혜를 입어 괴로움에서 벗어날 수 있지 않을까 합니다.”

선율이 여인의 사연을 다 듣고 나서 물었다.

“그대의 집은 어디에 있소?”

“사량부 구원사의 서남쪽 마을에 있습니다.”

“알겠소.”

선율은 여인과 헤어져 자신이 지상에서 마지막으로 묻혀 있던 무덤 속으로 돌아왔다. 그런데 돌아와보니 컴컴한 무덤 속이라 밖으로 나갈 수가 없었다. 선율은 무덤 속에서 사흘 동안 쉬지 않고 외쳤다. 마침 지나가던 목동이 선율의 목소리를 듣고 깜짝 놀라 망덕사로 달려가 이 변괴를 알렸다.

망덕사의 승려들은 반신반의하며 선율의 무덤으로 달려왔는데, 목동의 말이 사실이라 얼른 무덤을 파헤쳐 선율을 꺼내주었다. 선율은 그동안 있었던 일을 상세히 말한 뒤 그 여인의 집을 찾아갔다.

여인의 집에 가보니 죽은 지 15년이나 되었는데 참기름과 베가 여전히 그 자리에 있었다. 선율은 여인의 말대로 하고 명복을 빌어주었다.

그날 밤 여인의 영혼이 찾아와서 말했다.

"스님의 은혜를 입어 저는 이제 고통에서 헤어날 수 있게 되었습니다."

이 말을 전해 들은 사람들은 놀라며 감동하지 않은 자가 없었다. 그들은 모두 앞다투어 대반야바라밀다경에 시주와 보시를 아끼지 않았다.

그리하여 선율은 경판을 쉽게 완성할 수 있었다. 이 경판은 후세까지 경주의 승사(僧司) 서고에 보존되어 부처님의 참뜻을 널리 알리는 데 등불이 되었다. 그렇게 서로 도와서 반야경을 완성했다.

해마다 봄과 가을이 되면 그 경판을 꺼내 읽어 재앙을 물리쳤다. 일연은 선율 스님의 업적을 기리어 읊었다.

> 부럽다, 우리 스님 좋은 인연 덕에
> 영혼이 돌아와 옛 고향에서 노니시네.
> 혹여 부모님이 딸의 안부 물으시거든
> 나를 위해 그 논 한 이랑을 돌려주라 하소서.

호랑이와 혼인한 김현

김현은 칼을 쥐고 처녀가 말해준 숲속으로 들어갔다. 그곳에는 정말 큰 호랑이 한 마리가 있었다. 호랑이는 김현을 보자 이내 여인으로 변해 반갑게 미소했다. 김현과 밤을 지낸 바로 그 처녀였다. 처녀는 김현에게 몇 가지 부탁을 한 뒤 재빨리 김현의 칼을 빼앗아 스스로 목을 찔렀다. 처녀가 넘어지자 이내 호랑이로 변했다.

_권 5 감통, 김현감호(金現感虎)

신라 풍속에 해마다 2월이 되면, 초파일에서부터 보름날까지 서울의 남녀들이 모여 흥륜사 전탑을 돌면서 그것을 복회(福會, 복을 기원하는 모임)로 삼았다. 김현(金現)이라는 총각도 복회에 참여했는데, 모임이 끝났는데도 밤이 깊도록 탑을 돌았다. 그때 한 처녀도 염불을 외면서 함께 돌고 있었다.

두 남녀는 마침내 탑을 돌다가 서로 마음이 움직여 눈길을 주었다. 탑돌이를 마치자 김현은 처녀를 구석진 곳으로 데려가 정을 통했다. 이윽고 처녀가 돌아가려 하자 김현은 그녀의 뒤를 따라

가려 했다. 그러자 처녀는 극구 말렸다. 하지만 김현은 고집을 부려 그녀의 뒤를 따라갔다.

한참 가다가 서산 기슭에 이르자 그녀는 한 초가집으로 들어갔다. 김현이 문을 열고 들어서자 늙은 노파가 처녀에게 물었다.

"함께 온 저이가 누구냐?"

처녀는 지금까지 있었던 일을 사실대로 고백했다. 그러자 노파가 근심스런 표정으로 말했다.

"네가 한 일이 비록 좋은 일이긴 하지만 안 한 것만 못하게 되었다. 그러나 이미 저질러진 일이니 나무랄 수도 없구나. 네 형제들이 저이를 해칠까 두려우니 은밀한 곳에 숨겨두도록 해라."

노파의 말대로 처녀는 김현을 깊숙한 곳에다 숨겼다. 잠시 후 호랑이 세 마리가 으르렁거리며 집으로 들어왔다. 호랑이들은 사람처럼 말을 했다.

"집 안에 비린내가 진동하는구나. 마침 요깃거리를 찾고 있었는데 잘되었구나."

노파는 시치미를 떼며 그들을 꾸짖었다.

"너희 코가 몹시 잘못되었나 보구나. 무슨 비린내가 난다고 미친 소리를 지껄이고 있느냐?"

그때 갑자기 하늘에서 외치는 소리가 들렸다.

"너희들이 즐겨 많은 생명을 해치고 있으니, 너희들 중 한 놈을 죽여 악을 벌하고자 한다."

이 소리를 듣자 모두 풀이 죽어 근심스런 기색을 드러냈다. 이
윽고 처녀가 나서서 모두에게 말했다.

"세 분 오빠들이 멀리 떠나는 것으로 스스로를 벌하신다면, 제
가 그 벌을 대신 받겠습니다."

그 말에 세 호랑이는 기뻐하며 고개를 숙인 채 꼬리를 치며 달
아나버렸다. 그들이 멀리 달아나는 것을 확인하고 처녀가 김현이
숨어 있는 곳으로 돌아와 말했다.

"처음에 낭군이 저희 집에 오시는 것이 부끄러워 거절했으나
이제는 숨김없이 진실을 말씀드리겠습니다. 저와 낭군은 비록 류
(類, 족속)는 다르지만 하루 저녁의 즐거움을 함께했으니 중한 부
부의 인연을 맺은 것입니다. 이제 하늘이 세 오빠의 악행을 꾸짖
으시니 저희 집안의 재앙을 제 한 몸으로 감당하려 합니다. 그러
나 다른 사람의 손에 죽는 것은 싫으니 낭군의 칼에 죽어 은덕을
갚겠습니다."

김현이 처녀의 말을 듣고 깜짝 놀라 말했다.

"그게 무슨 말이오? 나는 그대를 차마 죽일 수 없소."

"지금은 그런 사사로운 정에 얽매일 때가 아닙니다. 그러니 제
말대로 하십시오. 제가 내일 시장으로 들어가 사람을 심하게 해
칠 것입니다. 그러면 반드시 나라에서는 높은 벼슬을 걸고 저를

잡게 할 것입니다. 그때 낭군께서는 겁을 내지 말고 저를 쫓아 성의 북쪽 숲속까지 오십시오. 그곳에서 제가 낭군을 기다리고 있겠습니다."

처녀가 말을 마치자 김현이 말했다.

"사람이 사람과 관계하는 것은 인륜의 도리이지만, 다른 류와 사귀는 것은 떳떳한 일이 아닌 줄 아오. 그러나 이미 우리가 마음으로 하루를 지냈으니 이는 진정 하늘이 내린 복이오. 그런데 어찌 내 손으로 배필의 죽음을 팔아 세상의 벼슬과 영화를 구할 수 있단 말이오?"

"낭군께서는 그런 말씀 마십시오. 저의 죽음은 하늘의 명이며, 또한 제 소원이기도 합니다. 또한 낭군께는 경사이고, 우리 호랑이 일족의 복이며, 온 나라 백성들의 기쁨입니다. 제 한 몸이 사라짐으로써 한꺼번에 다섯 가지의 이로움이 생기는데 어찌 그것을 어기겠습니까? 다만 제가 죽거든 저를 위해 절을 짓고, 불경을 읽어 좋은 업보를 벌어주신다면 낭군의 은혜가 이보다 클 수는 없을 것입니다."

마침내 그들은 서로 울면서 작별했다.

이튿날 날이 밝자, 과연 호랑이 한 마리가 시장에 나타나 사납게 휘저으며 사람들을 해치기 시작했다. 시간이 지날수록 그 사나움이 더해가자 원성왕은 급히 명을 내렸다.

"호랑이를 잡아오는 자에게는 이급의 벼슬을 내리겠다!"

이 소식을 듣고 김현이 궁궐로 들어가 아뢰었다.

"제가 호랑이를 잡아 오겠습니다."

왕은 김현에게 벼슬부터 먼저 내린 다음 그를 격려했다. 김현은 칼을 쥐고 처녀가 말한 숲속으로 들어갔다. 그곳에는 큰 호랑이한 마리가 있었는데 김현을 보자 이내 여인으로 변해 반갑게 미소했다. 김현과 밤을 지낸 바로 그 처녀였다. 처녀가 그를 바라보며 말했다.

"어젯밤 제가 부탁드렸던 간곡한 사연을 잊지 않으셨군요. 그리고 오늘 제 발톱에 상처를 입은 사람들은 흥륜사의 간장을 찍어 바른 뒤 그 절의 나팔 소리를 들으면 모두 나을 것입니다."

말을 마치자 처녀는 재빨리 김현의 칼을 빼앗아 스스로 목을 찔렀다. 처녀가 넘어지자 이내 호랑이로 변했다. 김현은 숲에서 나와 사람들에게 말했다.

"방금 내가 잡은 호랑이다."

김현은 호랑이를 잡게 되기까지의 사연은 말하지 않았다.

그 뒤 김현은 처녀가 부탁한 대로 호랑이에게 다친 자들을 불러 그녀의 처방대로 상처를 치료했더니 말끔히 아물었다. 지금도 민가에서는 호랑이에게 입은 상처를 치료할 때 이 방법을 쓰고 있다 한다.

김현은 관직에 올라 자리를 잡자 서천(西川)가에 절을 짓고 그 이름을 호원사(虎願寺)라고 했다. 그리고 항상 범망경(梵網經)을 강하여 호랑이의 저승길을 인도했다. 이러한 일들은 호랑이가 제 몸을 죽여 김현 자신을 출세시켜준 데 대한 보답이기도 했다.

김현은 자신이 세상을 떠나기 직전에 지난 과거의 기이한 일들을 붓으로 적어 전했다. 그리하여 세상 사람들은 비로소 김현과 호랑이 사이에서 벌어진 일의 진실을 알게 되었다. 그가 쓴 글을 가리켜 '논호림(論虎林)'이라 했다.

중국 신도징의
호랑이 아내

처녀의 나이는 열네댓 살쯤 되어 보였다. 비록 머리는 헝클어지고 때
묻은 옷을 입고 있었지만, 눈처럼 흰 살결에 꽃 같은 얼굴을 하고 있
어 아름다웠다.

_권 5 감통, 김현감호(金現感虎)

서기 793년, 당나라 덕종 14년에 있었던 일이다.

신도징(申屠澄)이라는 당나라 사람이 오랫동안 야인(野人)으로
지내다가 현위라는 벼슬을 받고 부임하게 되었다.

진부현의 동쪽 10리가량 되는 곳에 이르렀을 때, 무섭게 몰아치
는 눈보라를 만나 말이 앞으로 나아가지 못하고 멈췄다. 그때 길
옆에 초가집 하나가 있어 그곳으로 들어가게 되었는데, 마침 불
이 지펴져 있어 집 안 공기가 훈훈했다. 신도징은 등불 곁으로 다
가갔다. 그곳에는 늙은 부모와 처녀 하나가 화롯가에 둘러앉아

불을 쬐고 있었다.

그 처녀의 나이는 열네댓 살쯤 되어 보였다. 비록 머리는 헝클어지고 때 묻은 옷을 입고 있었지만, 눈처럼 흰 살결에 꽃 같은 얼굴을 하고 있어 매우 아름다웠다.

그 부모는 신도징을 발견하자 급히 일어나 말했다.

"매서운 눈보라를 무릅쓰고 여기까지 오셨는데, 어서 이리 오셔서 불을 쪼이시지요."

신도징은 그들의 안내를 받아 화롯가로 가 몸을 녹였다.

한참 시간이 지나 날이 저물 때까지도 눈보라는 그치지 않았다. 신도징은 할 수 없이 그들에게 부탁했다.

"저쪽 현까지 가려면 아직 길이 머니, 오늘 밤 이곳에서 신세를 지게 해주십시오."

"예, 누추한 집안이어도 괜찮으시다면 그리하시지요."

그들이 숙박을 허락하자 신도징은 비로소 말의 안장을 풀고 방으로 들어가 침구를 폈다. 처녀는 손님이 유숙하게 된 사실을 확인하고는 얼굴을 씻고 곱게 단장했다. 그런 다음 장막 사이에서 나오는데, 그 단아한 태도가 처음 보았을 때보다 더 아름다웠다.

신도징은 그녀의 아버지에게 말했다.

"댁의 낭자는 총명하고 슬기로움이 남보다 훨씬 뛰어납니다. 아직 미혼이라면 제가 감히 청혼을 드리겠습니다. 어떠신지요?"

처녀의 아버지가 대답했다.

"뜻밖에도 귀하신 손님께서 거두어주신다니 이 어찌 천생연분이 아니겠습니까?"

그렇게 두 사람은 혼인의 예를 치렀다.

이튿날, 날이 밝고 눈보라가 멈추자 신도징은 자신이 타고 온 말에 여인을 태워 길을 떠났다.

신도징의 임지생활은 그리 넉넉하지 못했다. 녹봉이 너무 적어 생활이 여유롭지 못했으나, 그의 아내가 힘써 집안일을 꾸려나갔기 때문에 그런대로 살아갈 수 있었다.

시간이 흘러 신도징이 임기를 마치고 본가로 돌아갈 때가 되었다. 그때는 이미 슬하에 1남 1녀를 두고 있었는데, 아이들이 매우 총명하고 슬기로워 그는 아내를 더욱 공경하고 사랑했다. 신도징은 일찍이 아내를 위해 이런 시를 지은 적이 있었다.

벼슬길에 나아가니

매복(梅福, 한나라의 신선)에게 면목 없고,

삼 년이 지나니 맹광(孟光, 한나라의 현모양처)에게 부끄럽구나.

이 사모의 정을 어디에다 비할까.

냇물 위에는 한 쌍의 원앙이 떠 있구나.

그때 그의 아내는 이 시를 듣고 이내 화답할 듯했으나 입 밖에 내지는 않았다. 그러다가 신도징이 벼슬을 그만둔 뒤 가족을 데리고 본가로 돌아가려 하자, 문득 슬퍼진 아내가 말했다.

"전에 제게 주셨던 시에 대한 화답을 지금 할까 합니다."

그러고는 이렇게 읊었다.

> 비록 금슬의 정이 중하나,
> 산림(山林)으로 향한 뜻이 너무도 깊구나.
> 언제고 시절이 변하면
> 백년해로의 마음 저버리면 어쩌나
> 늘 시름해왔었는데.

그 후 신도징은 아내와 함께 예전에 그녀가 살던 초가집으로 가 보았다. 그런데 그 집에는 이미 아무도 살지 않고 비어 있었다. 그러자 그의 아내는 자기 피붙이에 대한 그리운 마음이 울컥 솟아 하루 종일 울었다.

그러다가 문득 뭔가 생각이 난 듯 벽장을 열어젖혔다. 벽장에는 한 장의 호피가 들어 있었다. 그것을 보자 그녀는 반가워하며 크게 웃었다.

"아, 이것이 아직도 여기에 있었는데, 내가 여태 몰랐었구나!"

그녀는 그것을 몸에 뒤집어썼다. 이내 한 마리 호랑이로 둔갑하여 잠시 으르렁거리더니 문을 박차고 뛰쳐나가 숲으로 사라졌다.

신도징은 깜짝 놀라 잠깐 몸을 숙였다가 급히 그녀의 뒤를 따라 숲속으로 들어가보았지만 찾지 못했다. 그는 아내를 잃은 슬픔에 휩싸인 채 며칠을 울었으나, 그녀는 끝내 돌아오지 않았다.

신도징과 앞서 본 김현의 이야기에 대해 일연은 이렇게 평했다.

아아, 슬픈 일이구나. 신도징과 김현, 두 사람이 짐승을 접해 아내를 얻은 것은 다를 바가 없다. 그러나 신도징의 호랑이는 끝내 그를 배반하고 다시 호랑이로 변하여 도망갔다는 점이 김현의 호랑이와 다르다.

김현의 호랑이는 부득이 사람을 상하게는 했으나 처방을 일러줘 사람들을 구해주었다. 짐승도 어질기가 이와 같은데, 지금 사람으로서 짐승만도 못한 자가 있으니 도대체 어찌 된 일인가.

三國遺事 ── 김현감호

융천사의 혜성가

화랑 세 명이 금강산으로 유람을 떠나려는데, 하늘에서 괴변이 일어
났다. 그러자 세 화랑은 금강산 유람을 포기했다. 이때 융천사가 향
가를 지어 불렀더니 괴변이 사라지고, 마침 국토를 침범한 왜병들도
모두 달아났다.

_권 5 감통, 융천사 혜성가(彗星歌) 진평왕대

신라 제26대 진평왕 때였다. 제5 거열랑(居烈郎), 제6 실처랑
(實處郎), 제7 보동랑(寶同郎) 등 화랑 세 명이 풍악(楓岳, 금강산)으로
유람을 떠나려는데, 마침 혜성이 나타나 심대성(心大星, 중심이 되는
큰 별)을 침범하는 괴이한 현상이 일어났다.

이런 변괴는 이따금 국토에 불길한 변란을 가져온다고 생각한
세 화랑은 금강산 유람을 포기하기로 했다. 이때 융천사가 향가
를 지어 불렀다. 그러자 천체(天體)의 괴변은 간 곳 모르게 사라지
고, 마침 국토를 침범했던 왜병들도 모두 달아났다.

결국 오히려 화가 물러가고 경사가 생긴 셈이므로, 진평왕은 크게 기뻐하며 낭도들을 풍악으로 보내 놀게 했다.
　　융천사가 지은 '혜성가'는 다음과 같다.

　　　　옛날 동해가의 건달파(화랑)가 놀던 성을 보고
　　　　왜군이 왔다며 봉화를 든 변방이 있어라.
　　　　세 화랑이 산 구경 오신다는 소식을 듣고
　　　　달도 부지런히 빛을 펴 훤히 밝히는데,
　　　　길 안내 별을 보고
　　　　혜성이여! 하며 알린 이가 있어라.
　　　　아, 달은 지누나.
　　　　달도 없는데
　　　　무슨 혜성이 있단 말인가.

얼어 죽게 된
여인을 구한 정수

한 여자 걸인이 아이를 낳고는 얼어 죽기 직전에 놓여 있었다. 정수
는 이들이 너무 가여워서 가까이 다가가 따뜻하게 안아주니 한참 있
다 깨어났다.

정수는 자신의 옷을 벗어 그들을 덮어주었다. 벌거벗은 채 절로 달려
온 정수는 거적으로 몸을 덮고 밤을 새웠다.

_권 5 감통, 정수사(正秀師) 구빙녀(救氷女)

신라 제40대 애장왕 때의 승려 정수(正秀)가 황룡사(현재
경주에 터만 남아 있음)에 기거하고 있을 때였다.

눈이 많이 쌓인 겨울 어느 날, 정수는 이미 해가 저문 늦은 시간
에 삼랑사에서 돌아오다가 천엄사 앞을 지나게 되었다. 그 문 앞
에서 한 여자 걸인이 아이를 낳고는 얼어 죽기 직전에 놓여 있었
다. 정수는 이들이 너무 가여웠다. 그는 가까이 다가가 그녀를 따
뜻하게 안아주었다.

그녀는 한참 있다 깨어났다. 하지만 몸이 차가워 아직 온전한

몸은 아니었다. 정수는 자신의 옷을 벗어 그들을 덮어주었다. 그리고 자신은 벌거벗은 채 절로 달려왔다. 절로 돌아온 정수는 거적으로 몸을 덮고 밤을 새웠다.

한밤중, 궁정 뜰 하늘에서 외침이 들렸다.

"황룡사의 승려 정수를 임금의 스승으로 봉하는 것이 마땅하다."

왕이 그 소리를 듣고 급히 사람을 보내 조사해보도록 하니 분명 하늘에서 난 소리라고 했다.

왕은 위의(威儀)를 갖추고 정수를 궁궐로 맞이하여 국사로 삼았다.

三
國
遺
事

6

세상을 피해 숨어 산
사람들의 이야기

큰 제자를 키운 낭지

어느 날, 지통은 낭지의 도가 얼마나 깊은지 알아보기 위해 물었다.
"법사께서는 이 절에 계신 지가 오래된 듯한데, 얼마나 되셨는지요?"
낭지가 대답했다.
"법흥왕 정미년에 처음 이곳에 발을 들여놓았으나 지금은 어찌 되었
는지 잘 모르겠다."
그것을 계산해보니 135년이나 지나 있었다.

_권 5 피은, 낭지승운(朗智乘雲) 보현수(普賢樹)

문무왕 1년, 서기 661년. 영취산에 기이한 승려가 머물고
있었다. 그는 암자에서 수십 년을 살았으나 주변에서 그를 알고 있
는 사람은 아무도 없었다. 그 또한 자신의 이름을 한 번도 발설하
지 않았다. 그는 늘 법화경을 읽었는데, 신통력을 지니고 있었다.

 이 무렵 지통이라는 승려가 있었다. 그는 원래 노비였는데, 일곱
살 때 출가했다. 그가 출가할 때 까마귀가 날아와 울면서 말했다.

 "영취산에 들어가라. 그리고 그곳에서 낭지라는 분을 찾아 그
분의 제자가 되어라."

지통은 비록 까마귀가 한 말이었지만 평범히 여기지 않고 그길
로 영취산에 들어갔다.

지통이 영취산의 나무 그늘 아래에서 쉬고 있는데, 어디선가 낯
선 사람이 불쑥 나타나 말했다.

"나는 보현보살이라고 한다. 지금 네게 계품(戒品)을 주고자 한다."

그는 지통에게 계를 내리고는 사라졌다. 너무 급작스럽게 벌어
진 일이라 정신이 없었지만, 지통은 가슴이 탁 트였다.

지통은 다시 길을 떠났다. 그러다가 산속 깊은 곳에 이르러 한
승려를 만났다. 낭지 스님의 거처를 묻자 그가 되물었다.

"어찌하여 낭지를 찾는 것인가?"

지통은 승려에게 까마귀가 했던 말을 자세히 들려주었다. 그러
자 승려가 빙그레 웃으며 말했다.

"내가 바로 낭지이다. 방금 전에 그 까마귀가 나타나서 말하기
기를, '어느 영험한 아이가 배움을 청하러 오고 있으니 직접 나가
서 영접하라'고 하여 이렇게 나와 있었던 것이다."

그는 지통의 손을 꼭 부여잡으며 감격스러운 목소리로 말했다.

"신령스런 까마귀가 너를 깨우쳐 내게 보내주었고, 또 내게 알
려 너를 맞이하게 하니 이는 보통 일이 아니다. 아마 산령(山靈)의
은밀한 도움이 있었기 때문이 아닌가 싶다."

지통은 이 말을 듣고 감격에 겨워 눈물 흘리며 그에게 귀의했다.

三國遺事 —— 낭지승운 보현수

몇 달 후, 낭지는 지통의 수업을 마치고 그에게 적절한 계를 내리려고 했다. 그러자 지통이 말했다.

"저는 일전에 보현보살께 정계(正戒)를 받았습니다."

그 말을 듣는 순간 낭지는 감탄하여 말을 잇지 못했다.

"오! 그런 일이 있었느냐? 그렇다면 너는 이미 불가의 계를 모두 받은 셈이구나. 나는 태어난 후 밤낮으로 지성을 드려 보현보살을 만나기를 염원했지만 만나지 못했는데, 너는 이미 계를 받았다고 하니 내가 네게 아득히 미치지 못하는구나."

낭지는 지통에게 예를 올렸다. 그런 까닭에 지통이 보현보살에게 계를 받았던 그 나무를 보현수라고 했다.

어느 날, 지통은 낭지의 도가 얼마나 깊은지 알아보기 위해 물었다.

"법사께서는 이 절에 계신 지가 오래된 듯한데, 얼마나 되셨는지요?"

낭지가 대답했다.

"법흥왕 정미년(527년)에 처음으로 이곳에 발을 들여놓았는데, 그로부터 얼마나 지났는지 잘 모르겠구나."

그것을 계산해보니 135년이나 지나 있었다.

훗날 지통은 의상대사의 설법을 듣고 오묘한 이치를 깨달아 불교 교화에 크게 이바지했다.

국사가 된 연회

연회는 가던 길을 멈추고 다시 암자로 돌아갔다. 암자로 돌아오니 얼마 지나지 않아 왕의 사자가 명을 받들고 와서 그에게 전했다. 연회는 겸허히 임금의 명을 받들어 궁궐로 들어갔다. 원성왕은 그를 국사로 봉했다.

_권 5 피은, 연회도명(緣會逃名) 문수점(文殊岾)

일찍이 영취산에 숨어든 고승 연회(緣會)는 항상 법화경을 읽으며 법(法)을 닦았다. 그가 머물고 있는 뜰 연못에는 늘 연꽃 두세 송이가 피어 있었는데 사시사철 시들지 않았다.

신라 제38대 원성왕은 상서롭고 기이한 그 연꽃의 존재를 전해 듣고 범상한 일이 아니라고 생각했다. 그래서 그를 궁궐로 불러 들여 국사로 삼으려고 했다. 그러나 연회는 그 소식을 듣자 이제껏 머물던 암자를 버리고 다른 곳으로 옮겨 갔다.

영취산에서 나온 연회가 어느 고개를 넘어가고 있는데, 한 노인이 밭을 갈다 말고 나와 그에게 어디로 가고 있느냐고 물었다. 연회가 대답했다.

"지금 나라에서 잘못 알고 나를 관작으로 얽매려 하기에 피해 가고 있는 중입니다."

노인이 굳은 표정으로 말했다.

"어디로 가서 그 법을 팔려는 것이오? 지금 이곳에서 팔아도 될 것을 왜 수고스럽게 먼 데까지 가 팔려고 하는 거요? 그대야말로 명성을 까다롭게 따지는 자 아닌가 싶소."

연회는 노인이 자신을 업신여기는 것이라고 생각했다. 그래서 지금까지 들은 말을 한 귀로 흘려버리고 다시 길을 재촉했다.

얼마쯤 갔을까. 시냇가에 이른 그는 잠시 목을 축였다. 그런데 이번에는 한 노파가 나타나더니 연회에게 물었다.

"지금 어디로 가는 중이시오?"

연회는 방금 전 노인에게 했던 말을 그대로 들려주었다. 그러자 노파는 깜짝 놀라며 말했다.

"정말 방금 전에 만난 그분이 그렇게 말했소?"

"그렇습니다. 그런데 어찌 그러시지요?"

노파는 잠시 생각에 잠겼다가 입을 열었다.

"그분이 바로 문수보살(文殊菩薩, 지혜를 맡은 보살)이십니다. 그분의 말씀은 어긋나는 법이 없는데 따르지 않았으니 이제 어찌하시겠소?"

그 말을 듣자 연회는 놀랍고 송구하여 급히 발길을 돌려 그 노인을 찾아갔다.

다행히 그 노인은 아직 그 자리에 있었다. 연회는 머리를 깊이 숙여 사죄했다.

"제가 미천하여 성인을 몰라뵙고 감히 말씀을 거역했습니다. 지금이라도 보살님의 말씀을 받들겠습니다. 그런데 방금 제가 만나고 온 그 시냇가의 노파는 누구인지요?"

노인이 껄껄 웃으며 대답했다.

"그 사람은 변재천녀(辯才天女)였다오."

즉, 하늘나라에서 내려온 말재주꾼이었다는 말이다. 그 말을 남기자마자 노인은 한순간 사라졌다. 연회는 가던 길을 멈추고 다시 암자로 돌아갔다.

암자로 돌아온 직후 왕의 사자가 명을 받들고 와 그에게 전했다. 연회는 겸허히 왕명을 받들어 궁궐로 들어갔다. 원성왕은 그를 국사로 봉했다.

일연은 연회를 기리어 이렇게 읊었다.

시장에서는 어진 이가 오래 숨지 못하고
주머니 속의 송곳 끝은 감추기가 어렵네.

뜰아래 연꽃으로 인해 세상에 나간 것이지
산중이 깊지 않아서가 아니었다네.

신충과 잣나무

신충은 왕이 원망스러워 노래를 지어 옛날에 효성왕과 함께 노닐던 궁궐의 잣나무에 붙였다. 그러자 잣나무는 갑자기 시들해지더니, 이 내 싱싱함을 잃고 바싹 말라붙었다.

_권 5 피은, 신충패관(信忠掛冠)

신라 제34대 효성왕(孝成王)이 아직 왕이 되기 전의 일이 다. 그는 성품이 어진 신충(信忠)이라는 선비와 늘 함께하며 담소를 나누거나 궁궐 안에 있는 잣나무 밑에서 즐겨 바둑을 두었다. 그때 그는 신충한테 이렇게 말하곤 했다.

"훗날 내가 왕이 되어 만일 그대를 소홀히 한다면, 저 잣나무가 가만히 있지 않을 걸세."

신충은 감격하여 일어나 절을 올렸다.

몇 달 뒤 그는 즉위식을 가졌다. 효성왕은 공신들에게 벼슬을 내리고 여러 신하를 포상했다. 그러나 신충을 잊어버리고 포상자 명단에 넣지 않았다. 이에 신충은 왕이 원망스러워 노래를 지어 옛날에 효성왕과 함께 노닐던 궁궐의 잣나무에 붙였다.

　　　뜰의 잣나무는 가을에도 아니 시들어
　　　너를 어찌 잊을까 하시며
　　　우러러보던 얼굴 계시건만,
　　　옛 못의 달그림자 가는 물살을 원망하듯,
　　　얼굴이야 바라보지만
　　　세상은 싫더라.

이 노래가 붙여지자 잣나무는 갑자기 시들해지더니 이내 싱싱함을 잃고 바싹 말라붙었다. 효성왕은 그 잣나무가 시든 것을 보고 이상히 여겨 신하를 보내 까닭을 알아오게 했다. 신하는 그 잣나무에 붙어 있던 노래를 떼어 왕에게 바쳤다. 그것을 보자 왕은 크게 놀라며 말했다.

"내가 정무에 몰두하느라 하마터면 친구를 잊을 뻔했구나!"

왕은 즉시 신충을 불러 벼슬을 내렸다. 잣나무는 그제야 살아나 제 모습을 되찾았다.

그 후 신충은 효성왕과 경덕왕 두 왕조에 걸쳐 벼슬에 올랐다.

두 왕의 신임 또한 매우 두터웠다.

763년, 경덕왕 22년에 이르러 신충은 벼슬을 버리고 남악(南岳, 지리산)으로 들어갔다. 그러자 경덕왕은 사람을 두 번씩이나 보내 그를 불러들이려 했으나, 그는 끝내 응하지 않고 머리를 깎은 채 승려가 되었다.

그는 왕을 위하여 단속사라는 절을 세우고 그곳에서 살았다. 삶을 산골짜기에서 마친 그는 평생 대왕의 복을 빌었다. 그는 절 금당 뒤편에 경덕왕의 화상(畫像)을 모셔두고 매일 강건함을 빌며 기도했다.

일연은 신충을 기리어 이렇게 읊었다.

> 공명은 다하지 못했는데 귀밑털은 먼저 세고,
> 임금의 총애야 비록 많으나 한평생이 바쁘다네.
> 언덕 저편의 푸른 산이 자주 꿈에 보이니
> 내 가서 향화(香火)를 피우고 왕의 복을 빌겠노라.

포산의 은자,
관기와 도성

관기는 포산의 남쪽 고개에 암자를 짓고 살았고, 도성은 그곳에서
10여 리나 떨어진 북쪽 굴에 살았다. 이들은 자신이 거처하는 주변
의 나무를 이용하여 서로를 불렀다. 도성이 관기를 부르고 싶으면,
산속의 나무를 모두 남쪽으로 향하여 기울게 했다. 그러면 관기는 이
를 보고 도성에게로 갔다.

_권 5 피은, 포산이성(包山二聖)

신라 때 관기(觀機)와 도성(道成)이라는 두 성사(聖師)가 있
었다. 이들이 어떤 사람이었는지는 알 수 없다. 다만 알 수 있는
것은, 두 사람이 함께 현풍(玄風, 지금의 경북 달성군)의 포산(包山, 비
슬산)에 숨어 살았다는 것이다.

관기는 포산의 남쪽 고개에 암자를 지어놓고 살았고, 도성은 그
북쪽에 있는 굴에서 살았다. 서로 떨어져 있는 거리가 10여 리쯤
되었으나, 구름을 헤치고 달을 노래하며 늘 서로 오갔다.

이들은 자신이 거처하는 주변 나무를 이용하여 마음을 통하곤

했다. 도성이 관기를 부르고 싶으면, 산속의 나무를 모두 남쪽으로 향하여 기울게 했다. 그러면 관기는 이를 보고 도성에게 갔다. 관기 또한 도성을 부르고 싶으면, 역시 나무를 북쪽으로 기울게 했다. 그렇게 두 사람은 몇 해를 지냈다.

어느 날, 도성은 뒷산의 높은 바위 위에 좌선을 한 채 앉아 있었다. 그런데 그날은 바위 위에서 몸을 옆으로 옮겨 허공에 뜨는가 싶더니 어디론가 사라져버렸다. 내내 그가 어디로 갔는지는 알지 못했다. 혹자는 수창군에 가서 죽었다는 말이 있으나 분명하지 않다.

도성이 사라지자 관기도 뒤따라 영겁의 세계로 돌아갔다. 나중에 사람들은 도성이 살았던 굴 아래쪽에 절을 지었다.

그 뒤 982년에 성범이라는 승려가 처음으로 이 절에 와서 살았다. 그는 50여 년간 부지런히 불법에 전념했는데, 이때 신도 20여 명이 해마다 찾아와 향나무를 절에 바쳤다. 그들은 산에 가서 향나무를 채취하여 쪼개고 씻어서 펼쳐두었는데, 밤마다 그 향나무에서 촛불 같은 빛이 발했다. 그러면 다시 고을 사람들이 찾아와 그 향나무에 보시를 하고 빛을 얻는 해라며 축복했다. 이 빛은 관기와 도성, 두 성사의 영감을 받아 산신이 도운 것 같았다.

이 두 성사는 오랫동안 산골에 숨어서 지냈기 때문에 인간 세상과는 사귀지 않았다. 두 사람 모두 나뭇잎을 엮어 옷으로 대신하며 추위와 더위를 피했고, 습기를 막았으며, 부끄러움을 가렸다.

　내(일연)가 듣기로는 일찍이 풍악이라는 산에도 이런 이름이 있었다고 한다. 이것으로 볼 때 옛날 은자들이 세속을 떠난 운치가 이와 같았음을 알 수 있겠다. 하지만 이것을 답습하기란 어려운 일이다.

　나는 예전에 포산에서 지낸 적이 있는데, 그때 두 스님의 미덕을 기리며 시 한 수를 지었다. 그것을 여기에 적어 두 분을 기리고자 한다.

　　　자모와 황정(풀과 잡초 이름)으로 배를 채웠고,
　　　입은 옷은 얼기설기 엮은 나뭇잎.
　　　찬바람 쌩쌩 불고 산은 험한데
　　　해 저문 숲속으로 나무 해 돌아오네.
　　　밤 깊어 달 밝은데 그 아래 앉은 이
　　　윗몸은 고요히 바람 따라 나는 듯,
　　　포단에 누워 자면서도
　　　그 꿈 속세에는 아니 가는구나.
　　　아, 구름만 무심히 지나가건만
　　　두 암자에는 산 사슴만 뛰놀 뿐
　　　인적 드물어 적적하기 이를 데 없네.

영재의 우적가

승려 영재가 만년에 은거하고자 산으로 들어가던 중 도적을 만났다. 도적은 영재의 목에 칼을 들이대었으나 조금도 두려워하지 않자, 이상히 여겨 이름을 물었더니 바로 천지를 감동시키는 이름난 가인 영재라고 대답하는 것이었다.

_권 5 피은, 영재우적(永才遇賊)

신라 제38대 원성왕 때의 승려 영재(永才)는 천성이 활달했다. 또한 익살스럽고 물욕이 없었으며 향가에도 능했다.

그는 만년에 이르자 남악에 은거하기 위해 길을 떠났다. 주변의 경관에 취해 천천히 대현령(大峴嶺)을 넘고 있는데 갑자기 도적 한 무리가 그의 앞을 가로막았다.

"가진 것을 다 내놓아라!"

험상궂게 생긴 도적 하나가 영재의 눈앞에 칼을 들이대며 무섭게 협박했다.

"허허, 내가 가진 것이라고는 이것밖에 없으니 갖고 가든지 말든지 마음대로 하게."

영재는 오히려 웃음을 뱉으며 등에 지고 있던 바랑을 그들 앞에 내려놓았다.

"아니, 이 영감이 웃어? 우리가 무섭지도 않아?"

"다 같은 중생인데 무서울 게 또 뭐 있겠는가?"

영재는 표정 하나 변하지 않은 채 지금 갈 길이 바쁘니 어서 일을 끝내고 길을 비켜달라 했다.

"거참 이상한 영감이군. 도대체 당신 이름이 뭐요?"

도적들은 그의 당당한 태도를 보자 주춤주춤 물러나며 물었다.

"나는 영재라고 하오."

그 이름을 듣자 도적들은 깜짝 놀라 칼을 거두었다. 그들도 평소 천지를 감동시키고 귀신도 흐느끼게 한다는 가인(歌人) 영재의 이름을 들어 익히 알고 있었기 때문이다.

"우리가 헛다리를 짚었구나. 기왕 이렇게 만났으니 노래나 한 수 들려주고 가시오."

도적들은 영재에게 재물 대신 노래나 들려달라고 청했다. 그때 영재는 이런 노래를 지어 불렀다.

내 마음의 형상(形相)을 모르던 날,

멀리 (원본이 파손됨) 지나치고 이제는 숨어서 가고 있네.

그릇된 파계주(破戒主, 도적)를 만나

두려워하는 모습으로 다시 돌아가랴.

이 칼이야 지나고 나면 좋은 날이 오련만

아, 오직 이만한 선(善)은 좋은 일이랄 수 없느니.

'우적가(遇賊歌)'라는 제목이 붙은 이 향가의 뜻은 이렇다.

나는 마음속 세속의 번뇌를 씻어버리고 산속에 들어가 수도하려는 수도승이다. 너희들 칼에 죽으면 한결 좋은 세상에서 다시 태어날 수 있기에 좋기야 하겠지만, 도적들의 칼에 맞아 죽은 정도로는 극락에 갈 수가 없다.

도적들은 이 노래를 듣자 깊이 감동하여 비단 두 필을 선물로 주려고 했다. 그러자 영재는 또 웃으면서 사양했다.

"재물이 지옥으로 가는 근본임을 깨닫고 이제 깊은 산속으로 피해 가서 남은 생을 마치려 하는데 어찌 이것을 받을 수 있겠느냐?"

도적들은 그 말에 다시 감동받아 가졌던 칼과 창을 모두 버리고 그 자리에 꿇어앉았다. 그러고는 머리를 깎고 영재의 제자가 되어 함께 지리산으로 들어가 다시는 세상에 나오지 않았다.

영재는 나이 아흔에 입적했으니 원성왕 때였다.

일연은 영재를 기리어 이렇게 읊었다.

지팡이 짚고 산으로 들어가니 그 뜻 한결 깊은데,

비단과 구슬로 어찌 마음 다스릴까.

녹림의 군자들아, 그것일랑 주지 마라.

지옥은 다름 아닌 재물이 근원이다.

숨어 산 충신,
물계자

신라 내해왕 때의 충신 물계자는 수차례의 전쟁에서 큰 공로를 세웠다. 그러나 물계자는 태자 날음에게 미움을 사고 있던 탓에 번번이 그 공을 인정받지 못했다.

_권 5 피은, 물계자(勿稽子)

　　신라 제10대 내해왕 17년, 서기 212년에 물계자라는 충신이 있었다.

　이 무렵, 보라국·고자국·사물국 등 포상팔국(浦上八國)이 합세하여 신라의 변경인 아라가야국(阿羅伽倻國, 함안)을 침범하자 구원을 요청해왔다. 그러자 왕은 태자 날음(捺音, 내음이라고도 함)과 장군 일벌(一伐) 등에게 명하여 군사를 이끌고 나가 물리치게 했다. 싸움을 벌인 결과 포상팔국이 신라에 항복했다.

　이 싸움에서 태자의 휘하에 들어가 싸운 자 중 물계자의 공이 가장 컸다. 그러나 물계자는 태자에게 미움을 사고 있던 탓에 그 공을 인정받지 못했다.

어떤 사람이 물계자에게 물었다.

"이번 싸움에서 그대의 공이 가장 컸는데 어찌하여 그대에게 상이 내려지지 않았는지 모르겠구려. 지금 태자께서 그대를 미워하기 때문인 것 같으니 그대는 태자를 너무 원망하지 마시오."

물계자가 대답했다.

"위로 왕이 계신데 신하 된 내가 어찌 태자를 원망하겠소?"

"오, 그렇소? 그렇다면 그 마음이라도 왕께 아뢰는 것이 좋을 것 같구려."

물계자가 다시 대답했다.

"공을 자랑하고 이름을 다투며, 자기를 나타내고 남을 헐뜯는 것은 선비가 할 일이 아니오. 오로지 평소에 부지런히 힘쓰고 때를 기다릴 뿐이오."

더 이상 물계자에게 말을 건네지 않았다.

내해왕 20년, 서기 215년에 골포(骨浦), 칠포(柒浦), 고사포(古史浦) 등 세 나라가 또 신라에 침입하려 갈화성(竭火城)을 공격했다. 그러자 이번에는 왕이 친히 군사를 거느리고 나가 적을 막았다. 그렇게 신라가 또 승리했다. 이 싸움에서도 물계자가 가장 뛰어나게 활약했으나, 여전히 날음의 미움으로 말미암아 공로를 인정

받지 못했다.

싸움터에서 돌아온 물계자가 그의 아내에게 말했다.

"내가 듣기에 왕을 섬기는 도리란, 위태로움을 만나면 목숨을 바치고, 환란을 당해서는 자기 몸을 돌보지 않으며, 오직 절개와 의리를 지켜 생사를 돌보지 않는 것이라고 알고 있소. 근래에 벌어진 싸움들은 진정 나라의 큰 환란이었으며, 왕께서 위태로움에 처한 상황이었소. 그런데도 나는 내 목숨을 바치는 용맹을 발휘하지 못해 지금까지 살아 있으니 이 어찌 불충이 아니겠소? 또한 왕을 불충으로 섬겨 내 아버님께 누를 끼쳤으니 어찌 효도를 다했다고 할 수 있겠소? 이제 충효의 도를 모두 잃었으니, 무슨 낯으로 다시 조정에 나가고 시정(市政)에 나다니겠소?"

그 말을 남기고 물계자는 머리를 푼 뒤 거문고를 품은 채 사체산(師彘山, 현재 어딘지 모름)으로 들어갔다. 그는 그 산에서 은거하며 대나무의 곧은 성품을 비유한 노래를 짓기도 하고, 계곡을 흐르는 시냇물 소리를 흉내 낸 '물계자가(勿稽子歌)'를 짓기도 했다. 그는 그렇게 사체산에서 숨어 살면서 평생 세상에 나오지 않았다.

염불사의 승려

피리사에 어떤 승려가 있었는데, 그는 늘 조용히 앉아 아미타불을 염송했다. 그 소리는 성안에까지 퍼져 나가 17만 호에 이르는 넓은 서라벌 천지에 듣지 못하는 사람이 없었다.

_권 5 피은, 염불사(念佛師)

경주 남산 동쪽 산기슭께 피리촌(避里村, 지금의 경주 남산동 남리)에는 피리사(避里寺)라는 절이 있었다. 이곳에는 이상한 승려 하나가 있었는데, 이름과 성을 밝히지 않아 그가 누구인지 아무도 아는 이가 없었다.

그는 늘 조용히 앉아 아미타불을 염송했는데, 그 소리가 성안에까지 퍼져 나가 17만 호에 이르는 넓은 서라벌 천지에 그 소리를 듣지 못하는 사람이 없었다. 높고 낮음이 없는 그 소리는 한결같이 낭랑하게 퍼졌다.

그의 염송 소리는 어찌나 부드럽고 맑은지 성난 사람이 들으면 화가 풀리고, 질투와 욕심이 솟아오르는 사람이 들으면 이내 사그라졌다. 또한 슬픔과 시름에 싸여 마음이 허전한 사람이 들으면 이내 활력을 되찾았다. 그래서 사람들은 그를 이상히 여기면서도 공경했는데, 모두 그를 염불사(念佛師)라고 불렀다.

그가 세상을 떠난 뒤에는 그의 작은 상(像)을 만들어 민장사(敏藏寺) 안에 모셨다. 그리고 그가 머물던 피리사는 염불사(念佛寺)로 이름을 고쳤다.

염불사 옆에는 또 하나의 절이 있었는데, 절 이름은 그 마을 이름을 따서 양피사(讓避寺)라고 했다.

三
國
遺
事

7

효와 선을 행한
사람들의 이야기

김대성이 세운
불국사와 석굴암

김대성은 이승의 부모를 위해 불국사를 세웠고, 전생의 부모를 위해 석굴암을 세웠다. 그리고 신림과 표훈 두 성사를 청해서 각각 절에 거주하게 했다. 한 몸으로 전후 두 세상의 부모에게 효도한 것은 옛날에도 보기 드문 일이었다.

_권 5 효선, 대성효이세부모(大城孝二世父母) 신문왕대(神文王代)

신라 때 경주 모량리(지금의 경주시 현곡면)에 경조(慶祖)라는 가난한 여인이 살고 있었다. 그 여인에게는 아들 하나가 있었는데, 머리가 크고 정수리가 평평하여 마치 성(城)과 같아 이름을 대성(大城)이라고 했다.

대성의 집은 심히 가난하여 살아갈 길이 막막했다. 그래서 그는 복안이라는 부잣집에 들어가 머슴살이를 해야 했다. 그 대가로 복안은 대성에게 밭 90평을 떼어주었는데, 대성의 집은 그 밭을 일구어 생계를 이어갔다.

어느 날, 승려 점개(漸開)가 육륜회(六輪會)라는 법회를 베풀고자 복안의 집에 찾아와 보시할 것을 권했다. 복안은 베 50필을 시주했다. 그러자 점개가 주문을 읽어 복안에게 복을 빌어주었다.

"이렇게 시주를 해주시니 이제 천신이 항상 지켜주실 것입니다. 한 가지를 시주하면 일만 배를 얻게 되는 것이니 이제 두루 평안하고 장수하실 것입니다."

대성이 이 말을 듣고는 집으로 달려가 어머니에게 말했다.

"오늘 주인집에 오신 스님이 축원하는 소리를 들으니 한 가지를 보시하면 일만 배를 얻는다고 합니다. 생각해보니 저는 전생에서 살 때 이루어놓은 것이 없어 지금 이렇게 가난하게 사는 것 같습니다. 그러니 지금이라도 시주를 하지 않으면 다음 세상에서는 더욱 구차하게 살 것입니다. 이 기회에 제가 고용살이로 얻은 밭을 법회에 보시해서 훗날의 응보를 얻는 게 어떻겠습니까?"

어머니도 아들의 말을 듣고 옳다 생각하여 밭을 모두 보시했다.

그 일이 있은 지 얼마 지나지 않아 대성은 세상을 떠났다. 그런데 대성이 세상을 떠나던 날, 재상 김문량(金文亮)의 집에서 이상한 일이 벌어졌다. 하늘에서 들려오는 소리인 듯 그 집 지붕 위에서 큰 소리가 들려온 것이다.

"모량리에 살던 김대성이라는 아이가 네 집에서 태어날 것이다!"

김문량은 매우 놀라서 사람을 모량리로 보내 진상을 조사하게 했다. 과연 모량리에 살던 김대성이라는 아이가 죽었는데, 하늘에서 외침이 들리던 바로 그날이었다.

그 후 김문량의 부인은 임신을 했고 아이를 낳았다. 그런데 이상하게 아이는 왼손을 꼭 쥐고 펴지 않았다. 그러더니 이레 만에야 손을 폈는데, 손바닥에 '대성(大城)'이라고 새겨진 금 조각을 쥐고 있었다. 김문량은 그것이 하늘의 뜻이라고 생각하여 아이의 이름을 대성이라 지었다. 또한 모량리에 사람을 보내 그 어머니를 모셔다가 함께 봉양했다. 그렇게 대성은 전생의 어머니와 지금 어머니 이렇게 두 어머니를 봉양하며 자라게 되었다.

장성한 대성은 사냥을 좋아했다. 하루는 토함산에 올라가 곰 한 마리를 잡은 뒤 내려와 산 밑의 마을에서 머물렀다.

그날 밤, 대성의 꿈에 자신이 잡은 곰이 귀신으로 변해 나타나더니 말했다.

"어찌 나를 죽였느냐? 내 환생하면 너를 잡아먹고 말 것이다."

대성은 두려움에 떨며 용서해달라고 청하자 귀신이 물었다.

"그럼 네가 나를 위해 절 하나를 세워주겠느냐?"

대성은 꼭 그러겠다고 약속했다. 꿈에서 깨어난 대성은 땀으로 흥건했다.

그 후로 대성은 사냥을 그만두고 일전에 곰을 잡은 그 자리에 장수사(長壽寺)라는 절을 세웠다. 그리고 틈날 때마다 그곳에 들러

곰을 위해 불경을 외우며 그 넋을 위로해주었다. 그러는 사이, 대성은 자신도 모르게 마음에 감동이 일어 자비심이 한층 더해갔다.

어느 날, 대성은 문득 깨달은 바가 있어 부모를 위해 절을 세우고 불공을 드림으로써 높은 은혜에 보답해야겠노라 결심했다. 그는 지금 이승에서 살고 있는 양친을 위해서는 불국사(佛國寺)를 세웠고, 전생의 부모를 위해서는 석불사(石佛寺, 석굴암을 말함)를 세웠다. 그러고는 신림과 표훈 두 성사를 청해서 각각 절에 거주하게 했다. 한 몸으로 전후(前後) 두 세상의 부모에게 효도한 것은 옛날에도 보기 드문 일이었다.

대성이 석불사에 안치할 석불을 조각할 때의 일이다. 큰 돌을 다듬어 불상을 만들고 이어서 불상을 모시는 덮개를 만드는데 갑자기 돌이 세 조각으로 갈라졌다. 대성은 안타깝게 여기며 허탈해하다가 어렴풋이 잠이 들었는데, 밤중에 천신이 내려와 갈라진 돌을 말끔하게 이어 덮개를 완성해놓고 돌아갔다.

대성이 잠에서 깨어 일어나 천신이 사라진 남쪽 고개로 급히 달려가 향나무를 태워 천신께 공양했다. 그래서 그 고개를 향령(香嶺)이라고 했다.

불국사의 계단과 석탑, 그리고 돌과 나무에 조각한 솜씨는 동부지방의 여러 사찰 중 이보다 더 훌륭한 것은 없다.

三國遺事 ——— 대성효이세부모

다리 살을
베어 바친 효자

향득이라는 효자가 있었는데, 어느 해인가 혹독한 흉년이 들어 그의
아버지를 위해 자기 다리 살을 베어 봉양했다.

_권 5 효선, 향득사지할고공친(向得舍知割股供親) 경덕왕대(景德王代)

웅천주(熊川州, 지금의 공주)에 향득(向得)이라는 사지(舍知,
신라의 관리 계급 중 하나)가 있었다.

어느 해인가 혹독한 흉년이 들어 그의 아버지가 굶어 죽을 지경
에 이르렀다. 그러자 향득은 자기 다리 살을 베어 봉양했다.

마을 사람들이 이 사실을 왕에게 자세히 아뢰었다. 이에 경덕왕
은 향득의 효성을 치하하며 쌀 500석을 하사했다.

손순의 효성과 돌 종

손순 부부는 아이를 업고 취산 북쪽 들로 나갔다. 아이를 매장하기 위해 눈물을 흘리며 땅을 파 들어가는데, 뭔가 삽 끝에 둔탁한 것이 걸려 더 이상 흙을 떠낼 수 없었다. 이상히 여겨 천천히 흙을 한 줌씩 걷어냈더니 뜻밖에도 돌로 만들어진 종 하나가 나왔다.

_권 5 효선, 손순매아(孫順埋兒) 흥덕왕대(興德王代)

신라 제42대 흥덕왕 때의 일이다. 모량리에 손순(孫順)이 라는 사람이 살고 있었다. 아버지는 학산(鶴山)이라는 사람이었는 데 일찍 세상을 떠나 홀어머니를 모시고 젊은 내외가 외아들을 데리고 살았다.

그의 집은 몹시 가난하여 남의 농사일에 품팔이를 하여 생계를 이어갔다. 아내는 남의 집 빨래나 바느질을 하여 간신히 그날그 날 늙은 어머니를 봉양하는 처지였다. 그의 어머니 이름은 운오 (運烏)였다.

그런데 손순의 어린 아들은 언제나 어머니의 음식을 빼앗아 먹었다. 어느 날, 이를 보다 못해 손순이 아내에게 말했다.

"아이는 다시 얻을 수 있으나 어머니는 다시 구할 수가 없소. 그런데 아이가 어머니의 음식을 빼앗아 먹으니 요즘 굶주림이 너무 심하오. 그러니 아이를 땅속에 묻고, 어머니를 배부르게 해드리는 게 어떻겠소?"

아내는 가슴이 미어졌지만, 남편의 의견을 따르기로 했다.

이튿날 손순 부부는 아이를 업고 취산(醉山) 북쪽 들로 나갔다. 아이를 매장하기 위해 눈물을 흘리며 땅을 파 들어가는데, 뭔가 삽 끝에 둔탁한 것이 걸려 더 이상 흙을 떠낼 수가 없었다. 이상히 여겨 천천히 흙을 한 줌씩 걷어냈더니 뜻밖에도 돌로 만들어진 종 하나가 나왔다. 부부는 놀랍고도 괴이한 일이라 그 돌 종을 한 번 두드려보았더니 은은한 소리가 퍼졌다. 아내가 말했다.

"우리가 이 물건을 얻은 것은 필시 아이의 복인 듯합니다. 그러니 이 아이를 묻으면 안 될 것 같습니다."

남편은 아내의 말을 옳게 여겨 아이와 돌 종을 지고 집으로 돌아왔다. 그러고는 종을 대들보에 매달아놓고 두드렸더니 궁궐에까지 그 소리가 퍼져 나갔다.

흥덕왕이 종소리를 듣더니 좌우의 신하들에게 말했다.

"아까부터 서쪽에서 이상한 종소리가 들리는데, 그 소리가 너

무 맑아 보통 종소리와는 다른 것 같구나. 지금 사람을 보내 알아
보고 오라."

왕의 사자가 손순의 집으로 찾아와 사실을 조사해 아뢰었다. 사
자의 보고를 받은 왕이 말했다.

"옛날에 곽거(郭巨, 중국 한나라의 효자)가 아들을 땅에 묻자 하늘
에서 금솥을 내렸다더니, 이번에는 손순이 아이를 묻으려 하자
땅속에서 돌 종이 솟아 나왔구나. 이것은 전세의 효와 후세의 효
를 천지가 함께 보시는 것이 아니고 무엇이겠느냐?"

왕은 손순에게 집 한 채를 하사하고, 매년 벼 50석을 주어 지극
한 효성을 칭찬했다.

손순은 예전에 살던 집을 희사하여 절로 삼았다. 그리고 그 절
의 이름을 홍효사(弘孝寺)라 하였으며, 그곳에 돌 종을 안치했다.

진성여왕 때 후백제의 적도들이 이 마을에 쳐들어와 종은 없어
지고 절만 남았다.

손순이 돌 종 얻은 곳을 완호평(完乎坪)이라고 하는데, 지금은
잘못 전해져 지량평(枝良坪)이라 부르고 있다.

눈먼 어머니를 봉양한 효녀

예전에는 비록 거친 밥이었지만 맛있게 먹었는데, 요즘에는 기름진 밥이 넘어갈 때마다 창자를 찌르는 것 같아 마음이 편치 않으니 어찌 된 일이냐?

_권 5 효선, 빈녀양모(貧女養母)

신라의 화랑 효종랑(孝宗郎)이 남산의 포석정에서 놀이를 하기로 하여 그의 낭도들이 속속 모여들었으나, 두 사람이 뒤늦게 당도했다. 효종랑이 까닭을 묻자 한 낭도가 대답했다.

"분황사 동쪽 마을에 스무 살쯤 돼 보이는 처녀가 있었습니다. 그녀는 눈먼 어머니와 부둥켜안은 채 서로 통곡하고 있었습니다. 그래서 마을 사람들에게 까닭을 물어보았습니다. 그들이 말하기를, 그 처녀는 집이 가난하여 남의 집에서 양식을 얻어다가 여러 해 동안 어머니를 봉양해왔는데, 마침 흉년이 들어 음식 얻기도

어려워지자 남의 집 품팔이를 하기로 했답니다. 그래서 처녀는
어머니 몰래 어느 집에 곡식 삼십 석을 받기로 하고 일을 시작했
는데 새벽같이 그 집으로 달려가 하루 종일 일을 하고 밤이 되면
집으로 돌아와 어머니에게 쌀밥을 지어 올렸다고 합니다."

이어 두 사람 중 다른 낭도가 말을 이었다.

"그렇게 며칠 동안 아무 일도 없이 지나갔습니다. 그런데 하루
는 처녀의 어머니가 말하기를, 예전에는 비록 거친 밥이었지만
맛있게 먹었는데 요즘에는 기름진 밥이 넘어갈 때마다 창자를 찌
르는 것 같아 마음이 편치 않으니 어찌 된 일이냐고 하더랍니다.
그러자 처녀가 지금까지 있었던 일을 사실대로 고했고, 어머니는
딸이 불쌍하여 흐느끼기 시작했는데 나중에는 두 모녀가 얼싸안
고 통곡을 하더라는 것입니다. 그것을 보고 오느라 이리 늦었습
니다."

두 사람의 말을 다 들은 효종랑은 너무 측은한 마음이 들어 곡
식을 보내주었으며, 그의 양친도 옷 한 벌을 보냈다. 또한 효종랑
의 1천여 낭들도 쌀 1천 석을 거두어 보내주었다.

진성여왕도 이 일을 알고 곡식 500석과 집 한 채를 내려주고 군
사를 보내어 그 집을 호위하여 도둑을 막게 했다. 또한 그녀가 사
는 마을에 정문(旌門)을 세우고, 마을 이름을 효양리(孝養里)라고
했다.

훗날 모녀는 집을 희사해서 절로 삼았는데, 그 절을 양존사(兩尊寺)라고 불렀다.

이 이야기는 《삼국사기》에 '효녀 지은'의 이야기로 나오기도 한다.

효자의 길을
열어준 어머니

진정은 차마 어머니의 뜻을 어기기 어려웠다. 결국 그는 집을 떠나 밤낮으로 걸어 사흘 만에 태백산에 도착하여 의상 밑에서 불도를 닦았다. 그로부터 3년 후, 어머니의 부고를 접한 진정은 가부좌를 하고 선정에 들어갔다가 이레 만에 일어났다.

_권 5 효선, 진정사(眞定師) 효선쌍미(孝善雙美)

　　법사 진정(眞定)은 신라 사람이었다. 그가 출가하기 전에는 군졸에 적을 두고 있었으며, 집이 가난하여 장가를 들지 못했다. 그래서 군역에 종사하면서 틈틈이 품을 팔아 곡식을 얻어 홀어머니를 봉양했다. 그의 집안에 재산이라고는 오직 다리 부러진 솥 하나뿐이었다.

　　하루는 어떤 승려가 찾아와 절 지을 쇠붙이를 구하고 있는데 아무것이라고 좋으니 시주하라고 했다. 그의 어머니는 다리 부러진 솥을 보시했다.

진정이 군역을 끝내고 집에 돌아오자 어머니는 그 사실을 말하면서 아들의 눈치를 살폈다. 하지만 진정은 기쁜 얼굴로 어머니께 말했다.

"불사에 시주한다는 게 얼마나 좋은 일입니까? 비록 솥은 없다한들 그게 뭐 그리 큰일이겠습니까?"

그러고는 솥 대신 질항아리에 음식을 익혀 어머니를 봉양했다.

한편, 그는 의상법사가 태백산에서 설법을 하여 많은 사람이 감화되었다는 말을 듣고 늘 사모하는 마음을 갖고 있었다.

어느 날, 진정이 어머니께 조심스레 말했다.

"어머니께 효도를 다한 후에는 머리를 깎고 의상법사에게 투신하여 불도를 배울까 합니다."

이 말을 듣자 어머니가 바로 대답했다.

"인생은 빨리 흘러가지만 불법을 만나기란 쉬운 게 아니다. 효도를 다한 후에는 이미 늦을 것이니 지금 당장 떠나도록 해라. 내생전에 네가 불도를 깨닫는 것보다 중한 일은 없다."

어머니의 말에 진정이 놀라 말했다.

"저는 그런 뜻이 아니었습니다. 이제 늙으신 어머니를 돌봐드릴 사람은 오로지 저 하나뿐인데, 어찌 어머니를 버리고 출가할수 있겠습니까?"

"아니다. 이 어미 때문에 네가 출가하지 못한다면 너는 나를 지옥에 떨어뜨리는 격이 될 것이다. 나는 비록 남의 문전을 전전하며 의식(衣食)을 얻는다 하더라도 반드시 천수를 누릴 것이다. 네가 진정 내게 효도하려 한다면 그런 말을 하지 말거라."

어머니는 말을 마치고는 곧장 일어나서 쌀자루를 털었다. 모두 일곱 되가 남아 있었다. 어머니는 이 쌀로 밥을 지었다.

"밥을 지어 먹으면서 가자면 네 길이 더뎌질까 두렵구나. 지금 내가 보는 앞에서 밥 한 그릇을 비우고 나머지 여섯 끼니는 싸서 가다가 요기를 해라."

진정은 흐느껴 울며 어머니에게 자기가 한 말을 거두겠다고 했다.

"어머니를 버리고 출가하는 것만도 자식으로서 차마 할 수 없는 일인데, 몇 끼 미음거리마저 모두 가지고 간다면 천지가 저를 뭐라 욕하겠습니까?"

그러면서 진정이 거듭 세 번을 사양하자, 어머니 역시 세 번을 잇달아 권했다. 진정은 차마 어머니의 뜻을 어기기 어려웠다.

결국 진정은 집을 떠나 밤낮으로 걸어 사흘 만에 태백산에 도착했다. 그는 의상 밑에서 불도를 닦는 데 전념했다.

그로부터 3년 후, 어머니의 부고를 접했다. 그때 진정은 가부좌를 하고 선정(禪定)에 들어갔다가 이레 만에 일어났다.

선정을 마치고 나온 뒤, 그 일을 의상에게 고했다. 그러자 의상은 소백산 추동(錐洞)으로 가서 초가를 짓고 3천 명의 제자를 모아 90일 동안 화엄경을 강론했다.

제자 지통은 의상대사 화엄경을 강론하는 것을 듣고 중요한 대목만 뽑아 두 권의 책을 만들고 이를 '추동기(錐洞記)'라고 이름 붙여 세상에 널리 전했다.

의상이 강설을 다 마치자 진정의 어머니가 꿈에 나타나 말했다.

"나는 이미 하늘에서 환생했느니라."

三
國
遺
事

8

절과 탑, 불상에 얽힌
이야기

황룡사 구층탑과 아비지

선덕여왕은 건축 기술이 발달한 백제에서 장인을 구해 오도록 명했다. 백제에서 온 건축가는 아비지라는 사람이었다. 석탑을 건립하던 중 그는 백제가 망하는 꿈을 꾸고 중단하려 했다. 그러나 뇌성을 울리면서 노승과 역사가 나타나 절의 기둥을 세우는 것을 보고는 백제의 시운이 다했음을 알고 탑 건립을 계속하여 완성했다.

_권 3 탑상, 황룡사구층탑(皇龍寺九層塔)

옛날에 신라가 번성했을 때 서라벌 장안에는 많은 절이 있었는데, 그중에서도 가장 큰 절이 황룡사였다. 또한 황룡사 구층탑은 탑 중의 탑으로 불렸다. 이것은 모든 신라 사람의 희망이며, 드높은 기상이 담겨 있는 탑이었다.

황룡사는 처음에 신라 제24대 진흥왕 시절 553년 때 착공하여 4년에 걸쳐 1차 공사가 끝났다고 하는데, 이때 법당 앞에 탑이 있었는지는 알 수 없다. 그래서 이 탑은 서기 643년, 선덕여왕 때 착공하여 3년에 걸쳐 완성한 것으로 보고 있다.

그 무렵의 일이다. 선덕여왕 5년, 636년에 자장법사(慈藏法師)가 당나라로 유학을 갔다. 그때 자장은 오대산에 갈 기회가 있었는데, 그를 보자 그곳 문수보살이 말했다.

"너희 나라 임금은 원래 천축(인도) 왕실의 여자인데, 이미 오래 전에 부처님의 계율을 받았기 때문에 동이(야만인)의 여러 나라 왕족들과는 다르다. 그런데 산천이 험하고 국민들의 성품이 거칠고 급한 데가 있어서 사악한 종교에 쉽게 빠져들어 간혹 천신의 노여움을 살 때도 있다 들었다. 하지만 나라 안에 다문비구(多聞比丘, 법문을 많이 들은 비구)가 있기 때문에 임금과 신하가 평안하고 만백성이 태평할 것이다."

문수보살은 말을 끝내자마자 연기처럼 사라졌다.

한번은 자장이 중국 태화지(太和池) 옆을 지나가는데, 갑자기 신처럼 생긴 노인이 나타나서 물었다.

"여기에 무엇 하러 오셨소?"

"불도를 구하러 왔습니다."

자장이 다소곳이 대답하자 노인이 다시 물었다.

"그대의 나라에 무슨 어려운 일이라도 있소?"

"우리나라는 북쪽으로 말갈과 접해 있고, 남으로는 왜국에 인접되어 있으며, 고구려와 백제 두 나라가 번갈아가며 국경을 범하는 등 이웃 나라의 침입이 아주 심합니다. 그래서 늘 백성들의 걱정이 그칠 날이 없습니다."

자장의 말을 듣고 노인이 말했다.

"지금 그대의 나라는 여자가 왕위에 있어 덕은 있지만 위엄이 없어서 이웃 나라가 얕보고 침략을 도모하는 것이오. 그러니 그대는 속히 고국으로 돌아가도록 하시오."

자장이 겸허히 말했다.

"제가 고국으로 돌아가서 이익이 되는 일을 어찌해야 하는지 일러주십시오."

"그대 나라에 있는 황룡사의 호법룡(護法龍)은 바로 나의 큰아들이오. 지금 범왕(梵王)의 명령을 받고 그 절에 머물며 절을 보호하고 있는 것이니, 그대는 고국에 돌아가거든 절 안에 구층탑을 세우도록 하시오. 그러면 이웃 나라들은 항복할 것이고 인근의 구한이 모두 와서 조공을 바쳐 왕업의 길이 편안할 것이오. 탑을 세우고 난 뒤 팔관회를 열고 죄인들을 용서하면 왜적이 해치지 못할 것이오. 또한 우리 용들을 위해 경기 남쪽 언덕에 절 한 채를 짓고 우리의 복을 빌어주면 그 은덕을 갚도록 하겠소."

노인은 말을 마치자마자 자장에게 옥구슬 한 개를 건넨 후 이내 사라졌다.

서기 643년, 자장법사는 당나라 황제가 내린 불경과 불상 그리고 가사와 폐백 등을 가지고 귀국했다. 그는 여왕에게 황룡사에 구층탑을 건축할 것을 건의했다.

선덕여왕은 곧 신하들을 불러 구층탑을 세울 방법을 논의했다. 그때 한 신하가 나서서 말했다.

"장인은 반드시 백제에서 데려와야 할 것입니다."

당시 건축 예술에 관한 한 백제가 매우 발달해 있었기 때문에 그렇게 말한 것이다. 선덕여왕은 곧 보물과 비단을 내주며 백제로 가서 장인을 데려오도록 했다. 그리고 건축 총책임자는 훗날 태종 무열왕이 된 김춘추의 아버지 김용춘에게 맡겼다.

백제에서 온 건축가는 아비지(阿非知)라는 사람이었다. 그는 200여 명의 일꾼들을 거느리고 돌을 깎고 나무를 다듬어 탑을 짓기 시작했다.

탑 기둥을 세우고 있던 어느 날, 아비지는 꿈을 꾸었다. 자신의 나라 백제가 망하는 꿈이었다.

아비지는 그 망측한 꿈 때문에 기분이 내키지 않아 일손을 멈췄다. 그러자 그때 갑자기 하늘이 컴컴해지더니 뇌성이 울리면서 법당문이 열렸다. 법당에서는 노승과 역사(力士) 한 사람이 나왔다. 노승은 역사를 시켜 탑의 기둥을 세워놓고 사라졌다. 그것을 보자 아비지는 백제의 운이 다했음을 느끼고 다시 일을 시작하여 탑을 완성하였다.

탑을 세우고 나니 천지가 형통하고 삼한이 통일되었다. 또한 후에 고려 태조가 신라를 치려는 신하들에게 말했다.

"신라에는 세 가지 보물이 있으니 절대 그것을 해쳐서는 안 된다."

신하들이 그 세 가지 보물이 무엇이냐고 묻자, 태조는 황룡사의 장육삼존불과 구층탑과 진흥왕 천사옥대라고 일러주었다.

황룡사 구층탑은 건립된 후로 600여 년간 우리 겨레의 위엄을 만방에 떨쳤는데, 1238년 몽고의 침입 때 화재로 타버렸다. 지금은 황룡사 법당 앞에 64개의 거대한 주춧돌만 남아 있다.

중생사의 관음상에
얽힌 이야기

중생사에 불이 나서 마을 사람들이 달려와 불을 껐다. 그리고 법당에 올라와 보니 관음상이 보이지 않았다. 놀라서 여기저기 살펴보니 관음상은 벌써 뜰 가운데로 나가 있었다. 그런데 아무도 그것을 밖으로 내놓았다는 사람이 없었다. 사람들은 그제야 관음보살의 영험한 힘이었음을 알게 되었다.

_권 3 탑상, 삼소관음중생사(三所觀音衆生寺)

신라 고전에 이런 내용이 있다.

중국 황제가 총애하는 여인이 있었다. 그녀는 매우 아름다웠는데 황제는 고금의 그림에서도 이처럼 아름다운 여자는 드물 것이라고 말했다.

어느 날, 황제는 그림을 잘 그리는 사람에게 그녀의 모습을 그려보라고 명했다. 그 화공의 정확한 이름은 전해지지 않고 있는데, 오나라의 장승요(張僧繇)라고도 한다.

그는 천자의 명을 받들어 그림을 완성했다. 그런데 완성된 그림에 실수로 붓을 떨어뜨려 배꼽 아래에 붉은 점 하나가 찍히게 되었다. 고쳐보려 했지만 아무리 해도 고쳐지지 않았다. 화공은 마음속으로, 그 붉은 점은 필시 낳을 때부터 있었던 것인지도 모른다고 생각하여 그대로 황제에게 바쳤다.

황제는 그 그림을 보자 버럭 화를 냈다.

"얼굴은 실물과 똑같으나, 속에 감춰진 배꼽 밑의 점은 어찌 알고 이것을 그려 넣었느냐? 이것은 매우 수상한 일 아닌가!"

격노한 황제는 화공을 옥에 가두었다. 그때 승상이 나서서 아뢰었다.

"저 화공은 평소 마음이 곧은 자였습니다. 그러니 용서해주시기 바랍니다."

황제는 정승의 말을 귀담아들어 화공에게 한 번의 기회를 주기로 했다.

"만일 저자의 마음이 곧다면 어젯밤 내가 꿈에서 보았던 것을 그려 바치게 하라. 내 꿈과 그림이 일치한다면 놓아줄 것이다."

화공은 황제에게 십일면관음보살상을 그려 바쳤다. 그랬더니 황제는 놀라며 말했다.

"어찌 내 꿈을 알았는가? 보통 화공이 아닌 듯싶구나."

간신히 목숨을 건진 화공은 분절(芬節)이라는 사람에게 한 가지 제의를 했다.

"내가 들은 바로 신라에서는 불법을 숭상한다고 하니 나와 함께 배를 타고 그곳으로 건너가 함께 불사를 닦아 그 어진 나라를 널리 좋게 하는 것도 괜찮지 않겠소?"

두 사람은 마침내 신라에 이르렀다. 그들은 중생사(衆生寺)의 관음보살상을 만들었다. 그러자 수많은 백성이 관음상을 우러러보며 기도했는데, 그 복을 얻음은 이루 다 기록할 수가 없다.

신라 말기에 최은함(崔殷含)이라는 사람이 나이가 들도록 아들을 얻지 못했다. 그래서 중생사의 관음보살상 앞에 나아가 기도했더니 태기를 얻어 아들을 낳았다.

그 후, 석 달이 채 못 되어 후백제의 견훤이 서울로 쳐들어왔다. 최은함은 갓난아이를 안고 중생사로 찾아왔다. 그는 관음상 앞에 가서 말했다.

"진실로 이 아이를 점지해주셨다면 큰 자비를 베푸시어 길러주십시오."

그는 울면서 포대기에 싼 아기를 관음상의 예좌(猊座, 부처가 앉아 있는 자리) 밑에 감췄다.

그로부터 보름이 지났다. 적병이 물러가자 최은함은 서둘러 아기를 찾으러 갔다. 그랬더니 아기 얼굴에는 더욱 생기가 감돌고, 입에서는 아직도 젖 냄새가 가시지 않은 상태로 있었다. 이 아기가 바로 고려의 중신인 최승로(崔承老)이다.

서기 992년 3월, 중생사의 사주(寺主)인 성태 스님은 시주를 하지 못해 절을 유지할 수가 없는 지경에 이르렀다. 그래서 관음보살상 앞에 꿇어앉아 말했다.

"저는 지금까지 정성을 다해 예불을 올리고 밤낮으로 게을리한 일이 없었습니다. 그러나 이제 절의 토지에서 나는 것이 없어 더이상 이 절에 머물 수가 없으니, 다른 곳으로 옮기려고 하직 인사를 드리러 왔습니다."

그날, 성태 스님은 얼핏 졸다가 꿈을 꾸었는데, 관음보살이 나타나 말했다.

"지금 멀리 떠나지 말도록 하라. 내가 시주를 해서 제사에 쓸 비용을 넉넉히 마련해줄 것이다."

성태 스님은 그 말에 깨닫는 바가 있어 그곳에 머물러 있기로 했다.

그로부터 열사흘째 되는 날이었다. 웬 사람 둘이 마소에 물건을 가득 싣고 절 안으로 들어섰다.

"어디서 오는 분들입니까?"

"우리는 금주(지금의 김해) 지방 사람입니다. 일전에 한 스님이 우리를 찾아와, 동경(경주) 중생사에서 오셨는데 제사를 지내기가 어려워 시주를 얻으러 왔다고 말씀하셨습니다. 그래서 우리가 이웃 마을에 가서 시주를 모아다가 쌀 여섯 섬과 소금 네 섬을 싣고 온 것입니다."

"이상한 일이구료. 이 절에서는 그동안 시주를 나간 불자가 없었소."

그들이 다시 대꾸했다.

"아니, 무슨 말씀이십니까? 전에 저희에게 오셨던 그 스님이 요 앞에까지 우리를 인도해 오셨는데요?"

"뭐라고요? 그럴 리가 없는데……."

"요 앞에서 그 스님이 말씀하시기를 먼저 가서 저희를 맞이할 준비를 해놓을 테니 천천히 오라고 해서 지금 당도한 것입니다."

성태 스님은 영문을 몰랐지만, 일단 그들을 법당 안으로 들였다. 그런데 그들이 관음보살을 보자 깜짝 놀라며 말했다.

"이 부처님이 바로 시주를 구하러 왔던 그 스님과 똑같이 생기셨습니다!"

그 후로 중생사에는 시주하는 쌀과 소금이 해마다 끊어지지 않았다.

어느 날 밤, 중생사에 불이 났다.

불길을 보고 마을 사람들이 달려왔다. 여러 사람의 도움으로 다

행히 불길이 번지기 전에 불을 끌 수 있었다. 그런데 법당에 올라
가 보니 관음상이 보이지 않았다.

"관음보살상이 없어졌다!"

사람들이 이상히 여겨 법당 안을 구석구석 찾아보았지만 보이
지 않았다. 그런데 나중에 보니 관음상은 이미 법당 밖의 뜰 가운
데로 나와 있었다.

"도대체 누가 관음상을 밖으로 내왔는가?"

이렇게 물었지만 밖으로 내왔다는 자가 아무도 나서지 않았다.
사람들은 그제야 이 모든 게 관음보살의 영험한 힘이었음을 알게
되었다.

민장사의 효험

장춘은 정신이 혼미한 상태에서 그의 고향에서나 들을 수 있는 말소
리와 소 울음소리 같은 것을 들었다. 그 뒤, 문득 정신을 차리고 보니
어느덧 자기 집에 와 있었다.

_권 3 탑상, 민장사(敏藏寺)

우금리라는 마을에 보개(寶開)라는 가난한 여자가 살고 있
었는데, 그녀에게는 장춘(長春)이라는 아들이 있었다.

어느 날, 장춘이 바다의 장사꾼을 따라 나가더니 한참 동안 소
식이 없었다. 그러자 그의 어머니가 민장사 관음보살 앞에 나가
서 이레 동안 기도를 올렸다.

그랬더니 홀연히 장춘이 돌아왔다.

그의 어머니가 그동안의 연유를 묻자 장춘은 이런 이야기를 들
려주었다.

바다 한가운데서 회오리바람을 만났는데, 배가 뒤집어지고 동료들이 모두 죽음을 면치 못했다는 것이었다. 그러나 장춘만은 다행히 널빤지를 타고 오(吳)나라의 바닷가에 닿았다고 했다.

"그때 어떤 오나라 사람이 저를 데려다가 들에서 농사를 지을 수 있도록 해주었습니다. 그런데 어느 날, 이상한 스님 한 분이 마치 우리 고향에서 온 것처럼 저를 따뜻하게 위로해주셨습니다. 그러고는 저를 데리고 어디론가 가는데, 앞에 깊은 도랑을 만나자 저를 겨드랑이에 끼고 훌쩍 뛰어넘었습니다."

그 순간 장춘은 정신이 혼미한 상태에 빠지고 말았는데, 중간에 약간 정신이 들었을 때는 고향에서나 들을 수 있는 말소리와 소울음소리 같은 것이 들리더라는 것이었다. 그 뒤 문득 정신을 차리고 보니 어느덧 자기 집에 와 있더라는 것이다.

그가 오나라를 떠난 시간은 신시(오후 3시부터 5시)였는데, 집에 도착한 것은 술시(오후 5시부터 7시) 초경밖에 되지 않았다.

이는 경덕왕 4년, 745년 4월 8일에 있었던 일이다. 경덕왕은 이 이야기를 듣고 민장사에 밭을 시주하고 재화를 바쳤다.

생의사 돌미륵

어느 날 꿈에 한 노승이 나타나더니 생의를 데리고 남산으로 올라갔
다. 그러고는 어느 지점에 이르자 생의에게 풀을 매어 표시를 해놓으
라고 했다. 생의는 영문도 모른 채 노승이 시키는 대로 그곳의 풀을
매어 표시해두었다.

_권 3 탑상, 생의사석미륵(生義寺石彌勒)

선덕여왕 때의 일이다. 도중사(道中寺)에 생의(生義)라는
젊은 승려가 있었다. 어느 날 꿈에 한 노승이 나타나더니 생의를
데리고 남산으로 올라갔다. 노승은 걸어가는 듯했으나 생의는 뛰
어가도 그를 따라잡을 수가 없었다.

마침내 산의 어느 한 지점에 이르자 노승은 생의에게 풀을 매어
표시를 해놓으라고 했다. 생의는 영문도 모른 채 노승이 시키는
대로 그곳의 풀을 매어 표시해두었다. 옆에서 생의가 하는 행동
을 지켜보던 노승이 말했다.

"내가 저쪽 남쪽 기슭에 묻혀 있으니, 나를 이곳에 옮겨 매장하도록 하시오."

노승은 그 말을 남기고 연기처럼 사라졌다.

생의는 꿈에서 깨어 자신이 무슨 계시를 받은 것이라고 생각했다. 그는 동료와 함께 꿈속에서 노승이 말한 골짜기로 찾아가 땅을 파보았다. 거기에는 돌미륵이 하나 묻혀 있었다. 생의는 돌미륵을 파내 풀을 매어 표시해둔 삼화령(三花嶺) 위로 옮겨놓았다.

선덕여왕 13년, 서기 644년에 생의는 그곳에 절을 세우고 살았다. 절 이름은 훗날 생의사라고 했다.

백률사와
만만파파식적

스님은 신적을 둘로 쪼개 두 사람에게 한 쪽씩 주면서 그것을 타고 고향으로 날아가라고 했다. 두 사람은 반신반의하며 피리 위에 앉았는데, 정신이 몽롱해지면서 공중으로 떠오르는가 싶더니 어느덧 백률사에 와 있었다.

_권 3 탑상, 백률사(栢栗寺)

서기 692년 9월 7일, 신라 제32대 효소왕은 살찬 벼슬에 있던 대현(大玄)의 아들 부례랑(夫禮郞)을 국선으로 삼았다. 그러자 그를 따르는 무리가 1천 명이나 되었다. 그중에서도 안상(安常)과 각별히 친했다.

이듬해 3월, 부례랑은 무리를 거느리고 강원도 통천으로 산천 구경을 갔다. 그런데 원산만의 경계에 이르렀을 때, 난데없이 말갈족 군사들이 나타나 부례랑을 납치해갔다.

급작스런 기습에 낭도들은 모두 깜짝 놀라 그대로 도망갔다. 그러나 안상은 혼자 말갈족 군사들의 뒤를 쫓아갔다.

이 소식을 전해 들은 효소왕은 놀라움을 금치 못하며 군사들을 풀어 원산 일대를 샅샅이 뒤졌다. 하지만 부례랑과 안상을 찾을 수가 없었다.

맥이 빠진 왕은 한탄을 하다가 문득 선왕이 물려준 만파식적과 거문고를 떠올렸다.

"옳지, 그 신적(神笛, 만파식적)과 현금(玄琴, 거문고)을 사용하면 찾을 수 있겠구나."

왕은 그것들이 보관되어 있는 천존고로 급히 사람을 보냈다. 그런데 그때 상서로운 구름이 천존고 위를 덮었다. 왕은 더욱 놀랍고 두려워 정황을 조사하게 하니, 천존고 안에 있던 현금과 신적이 모두 사라졌다는 것이다. 왕이 탄식하며 말했다.

"내가 복이 없어 어제는 국선을 잃고, 오늘은 현금과 신적까지 잃고 말았구나!"

왕은 창고를 관리하던 책임자 다섯 명을 가두고, 나라 안에 방을 내려 두 보물을 찾아오는 자에게는 한 해 분의 조세를 상으로 주겠다고 약속했다.

한편 부례랑이 없어진 뒤 그의 부모는 하루도 빠지지 않고 백률사로 나가 불상 앞에서 이들의 안위를 기원하는 기도를 올렸다.

그러던 어느 날, 갑자기 불당 안의 향탁 위에 현금과 신적이 놓였다. 그러더니 이내 부례랑과 안상 두 사람도 불상 뒤에서 불쑥 나오는 것이었다. 부례랑의 부모는 놀랍기도 하고 기쁘기도 하여 그에게 연유를 물었다.

"말갈군에게 잡혀간 뒤 저는 대도구라라는 사람의 집에서 말 치는 일을 했습니다. 그런데 어느 날 말에게 풀을 뜯기고 있는데 문득 용모가 단정한 스님 한 분이 홀연히 나타나더니 거문고와 피리를 들고 와서 자기를 따라오라고 했습니다."

부례랑은 스님을 따라 어느 바닷가에 이르렀는데, 그곳에서 안 상과 만나게 되었다는 것이다.

그때 스님은 신적을 둘로 쪼개 두 사람에게 한 쪽씩 주면서 그 것을 타고 고향으로 날아가라 했다 한다. 두 사람은 반신반의하 며 피리 위에 앉았는데, 정신이 몽롱해지면서 공중으로 떠오르는 가 싶더니 어느덧 이 절에 와 있더라는 것이었다.

이 일은 급히 효소왕에게 보고되었다. 매우 놀란 왕은 사람을 보내 부례랑을 불러들였다. 부례랑은 현금과 신적을 가지고 궁궐 로 들어가 그동안의 일을 소상히 아뢰었다.

나중에 안 사실이지만 부례랑을 구해준 스님은 바로 백률사 법 당 안에 있던 불상이었다고 한다.

효소왕은 부례랑의 이야기를 다 듣고 밭 1만 경을 비롯하여 갖 가지 재물을 백률사에 바쳐서 부처님의 은덕에 보답했다.

한편 그 일이 있은 지 얼마 뒤 동쪽 하늘에서 갑자기 혜성이 나타났다 사라지더니, 다시 그 이튿날은 서쪽 하늘에서 혜성이 나타났다. 왕이 이상히 여기며 일관에게 묻자 그가 말하기를, 현금과 신적을 벼슬에 봉하지 않았기 때문에 나타난 현상이라고 했다. 왕은 그 신령스런 피리에 '만만파파식적(萬萬波波息笛)'이라는 칭호를 내렸다. 그러자 이내 혜성이 사라졌다.

인생무상을 꿈꾼 조신

아침이 되어 깨어나 보니 조신의 수염과 머리가 하얗게 세어 있었다.
이미 괴롭게 살아가는 것도 싫어지고, 마치 한평생의 고생을 다 겪고
난 듯 재물을 탐하는 마음도 얼음 녹듯 깨끗이 사라졌다. 그러자 관
음보살상을 대하기가 부끄러워졌고, 잘못을 뉘우치는 마음도 솟구
쳐 억누르기 벅찼다.

_권 3 탑상, 낙산이대성(洛山二大聖)·관음(觀音)·정취(正趣)·조신(調信)

신라 때 세규사(世逵寺)라는 절이 있었는데, 그 절의 장원
(莊園, 사찰이 사유한 토지)이 명주에 있었다. 본사에서는 조신(調信)
이라는 승려를 그 장원의 관리인으로 파견했다.

그는 명주 지방에 있으면서 그곳 태수 김흔(金昕)의 딸을 좋아
했다. 여러 번 낙산사의 관음보살상 앞에 나가 그녀와 결합하게
해달라고 남 몰래 빌었다. 그러나 조신이 기도에만 열중하고 있
는 사이에 그녀는 다른 남자에게 시집을 가버리고 말았다.

조신은 절망하여 관음보살상 앞으로 나아가 자기의 소원을 들

어주지 않은 것을 원망하며 날이 저물도록 슬피 울다가 지쳐서 잠이 들어버렸다.

그런데 꿈속에 김흔의 딸이 함빡 웃으며 말했다.

"저도 일찍이 대사님을 뵙고 알게 되어 마음속으로 사모해왔습니다. 그러나 부모님의 명에 못 이겨 억지로 출가를 했습니다만, 이제는 대사님과 함께 살고자 이렇게 달려왔습니다."

조신은 너무 기뻐 함께 고향으로 돌아가 40여 년의 세월을 함께 살면서 다섯 명의 자녀를 두었다.

그러나 그들의 생활이 너무 가난하여 입에 풀칠하기도 힘들었다. 그래서 10여 년간 문전걸식을 하며 돌아다니다가 열다섯 난 큰아들은 굶어서 죽고, 조신과 그의 아내는 늙고 병들어 자리에 누웠다. 그때 열 살 된 딸이 이를 보다 못해 구걸을 나섰다가 미친 개에게 물려 쓰러지고 말았다.

이 사실을 접하고 부부는 목이 메고 가슴이 미어졌다. 아내는 눈물을 씻으며 조신에게 말했다.

"제가 처음 당신을 만났을 때는 나이도 젊고 얼굴도 예뻤으며, 입은 옷도 깨끗했습니다. 그리고 당신과의 사랑도 깊어 헝겊 하나로 둘이 덮고 잘지언정 따뜻한 정을 느낄 수 있었고, 밥 한 그릇을 둘이 나눠 먹어도 배가 불렀습니다. 그렇게 살아온 지가 벌써 어언 오십 년에 이르렀습니다. 하지만 근년에 이르러 몸은 늙어

병들었고, 아이들은 굶주려 죽기까지 했습니다. 구걸을 하려고 해도 이제는 집집마다 문을 굳게 닫고 열어주지 않습니다. 형국이 이러한데 어느 겨를에 부부간의 애정을 즐길 수가 있겠습니까? 붉은 얼굴과 어여쁜 웃음도 풀잎에 이슬이요, 지란(芝蘭) 같은 약속도 바람에 나부끼는 버들가지처럼 덧없게 되었습니다. 이제 당신은 내가 있어 더욱 근심이 되는 지경에 이르렀습니다. 지금 와서 조용히 옛날의 기쁨을 생각해보니 그것이 바로 근심의 시작이었습니다. 이제 우리는 더 이상 참을 수 없는 상황에 이르렀으니 헤어지는 도리밖에 없습니다. 헤어졌다가 다시 만나는 것도 다 운명 아니겠습니까?"

조신은 오히려 아내의 말이 기쁘게 들렸다. 그리하여 부부는 각각 아이 둘씩을 거느리고 헤어지기로 했다. 막 헤어지려 하자 부인이 말했다.

"저는 고향으로 가겠으니 당신은 남쪽으로 가십시오."

그렇게 서로 작별하고 떠나려는데 잠에서 깨어났다.

모두가 한바탕 꿈이었던 것이다. 불당 안의 등불은 여전히 흐늘거리고, 어느덧 희부옇게 날이 새고 있었다.

아침이 되었다. 깨어보니 조신의 수염과 머리가 하얗게 세어 있었다. 이미 괴롭게 살아가는 것도 싫어지고, 마치 한평생의 고생을 다 겪고 난 듯 재물을 탐하는 마음도 얼음 녹듯 깨끗이 사라졌다. 그러자 관음보살상을 대하기가 부끄러워졌고 잘못을 뉘우치는 마음도 솟구쳐 억누르기 벅찼다.

조신은 꿈에서 열다섯 살 아들이 굶어 죽었을 때 그 시체를 파묻은 곳을 찾아가 파보니 돌미륵이 나왔다. 그는 인생이 물거품처럼 허무하다는 것을 깨닫고, 장원의 자리를 내놓았다. 그리고 자신의 사재를 털어 돌미륵이 나온 자리에 정토사(淨土寺)라는 절을 세웠다. 그러고는 인간 세상에 뜻을 두지 않고 불도에만 전념했다. 그 후 그가 어디서 생을 마쳤는지는 알 수 없다.

이에 시를 지어 경계한다.

잠시 즐거운 때는 마음에 맞아 한가롭더니
근심 속에 어느덧 남모르게 늙음이 오는구나.
모름지기 한 끼의 조밥이 다 익기를 기다리지 말고
인생이 한바탕 꿈임을 깨달았도다.

수신(修身)의 깊은 뜻은 먼저 참되게 함에 있는 것.
홀아비는 미녀를, 도둑은 창고를 꿈꾸는구나.
어찌 가을날 하룻밤 꿈만으로
종종 눈만 감아 청량(淸凉)의 경지에 이르겠는가.

오대산
월정사의 내력

어느 날, 신효거사가 길에서 학 다섯 마리를 발견하고 활로 쏘았다.
그랬더니 그중 한 마리가 깃 하나를 떨어뜨리고 날아갔다. 그는 그
깃을 주워 눈에 가리고 사람을 보았더니 모두 짐승으로 보였다.

_권 3 탑상, 대산월정사(臺山月精寺)

대산 월정사의 고기(古記)에 전하는 이야기이다.

자장법사가 처음으로 오대산에 이르러 진신(眞身)을 보려고 산
기슭에 작은 모옥(茅屋, 이엉으로 지붕을 엮은 작은 집)을 짓고 살았으
나, 이레가 되어도 나타나지 않았다. 그래서 묘범산으로 가 정암
사를 세웠다.

한편, 신효거사(信孝居士)라는 이가 있었다. 그의 집은 공주에 있
었는데, 어머니께 효성을 다하여 봉양했다. 그의 어머니는 고기
가 아니면 밥을 먹지 않았기 때문에 신효거사는 늘 고기를 구하

기 위해 돌아다녔다.

어느 날, 길에서 학 다섯 마리를 발견하고 활로 쏘았다. 그랬더니 그중 한 마리가 깃 하나를 떨어뜨리고 날아갔다. 그는 그 깃을 주워 눈에 가리고 사람을 보았더니 모두 짐승으로 보였다. 차마 사람을 활로 쏠 수는 없는 일이었다. 그래서 그는 고기를 얻지 못해 자신의 넓적다리 살을 베어 어머니께 봉양했다.

훗날 그는 승려가 되었는데, 자기 집을 내놓아 절을 만들었다. 그것이 효가원(孝家院)이다.

신효거사가 경주 경계에서 하솔(강릉의 옛 이름)에 이르자 역시 학의 깃으로 눈을 가리고 사람들을 보았다. 그랬더니 그제야 사람들이 모두 사람으로 보였다. 마침내 그는 그곳에 머물러 살기로 했다.

길에서 한 노부인을 만나 살 만한 곳을 물으니, 그 부인은 서쪽 고개를 넘으면 북쪽으로 향한 골짜기가 있는데 그곳이 살 만하다고 일러주었다. 그 노부인은 말을 마치자 이내 보이지 않았다.

신효거사는 그것이 관음보살의 가르침임을 깨닫고 즉시 성오평을 지나서 자장법사가 처음 모옥을 지은 곳으로 들어가 살았다.

어느 날, 문득 다섯 명의 스님이 오더니 말했다.

"그대가 가지고 온 가사(袈裟, 승려가 장삼 위, 왼쪽 어깨에서 오른쪽 겨드랑이 밑으로 걸쳐 입는 법의) 한 폭은 지금 어디에 있는가?"

신효거사가 무슨 뜻으로 한 말인지 영문을 몰라 어리둥절해하자 스님이 다시 설명해주었다.

"그대가 주워서 눈을 가리고 사람을 본 그 학의 깃털이 바로 가사였다네."

신효거사가 학의 깃을 내어주자 스님은 그 깃을 가사의 뚫어진 곳에 갖다 대니 꼭 맞았다. 그런데 그것은 깃이 아니고 베였다.

신효거사는 다섯 명의 스님과 작별한 후에야 비로소 그들이 오류성중(五類聖衆)의 화신임을 알았다.

이 월정사는 처음에 자장법사가 띠풀로 엮은 모옥으로부터 시작되었다. 다음에 신효거사가 와서 살았다. 그다음에는 범일의 제자인 신의두타가 와서 암자를 세우고 살았다. 그리고 그 뒤에 수다사의 노승 유연이 와서 살았다.

이렇게 해서 점점 큰 절을 이루게 되었다. 절의 다섯 성중과 구층으로 된 석탑은 모두 성자(聖者)의 자취이다.

상지자(相地者, 땅을 점치는 지관地官)는 월정사를 두고 이렇게 말했다.

"나라 안의 명산 중에서 여기가 가장 좋은 곳으로, 불법(佛法)의 길이 번창할 곳이다."

영취사의 매와 꿩

가만히 보니 꿩은 두 날개를 벌려 새끼 두 마리를 안고 있었다. 또한 매도 그것을 측은히 여겼는지 감히 꿩을 낚아채려 하지 않고 그대로 나무 위에 앉아 있기만 했다. 서로 다른 곳에서 오래도록 그렇게 앉아 있기만 하고 조금도 움직이지 않았다.

_권 3 탑상, 영취사(靈鷲寺)

영취사의 고기(古記)에 전하는 이야기이다.

신라 제31대 신문왕 때 재상 충원공(忠元公)이 온천에서 목욕을 하고 성으로 돌아오는 길이었다.

그는 굴정역 동지야라는 곳에 이르러 쉬었다. 그런데 조금 있자니 문득 한 사람이 나타나 매를 놓아 꿩을 잡으려고 했다. 매가 출현하자 다급해진 꿩은 급히 날아 금악을 넘어 어디론가 사라졌다.

충원공이 매의 방울 소리를 듣고서 그것들을 따라갔다. 굴정현이라는 관청의 북쪽 우물가에 이르니 매는 나무 위에 앉아 있고 꿩은 우물 속에 있는데, 우물물이 마치 핏빛 같았다.

가만히 보니 꿩은 두 날개를 벌려 새끼 두 마리를 안고 있었다. 또한 매도 그것을 측은히 여겼는지 감히 꿩을 낚아채려 하지 않고 그대로 나무 위에 앉아 있기만 했다. 서로 다른 곳에서 오래도록 그렇게 앉아 있기만 하고 조금도 움직이지 않았다.

충원공은 이 광경을 보고 감동했다. 그래서 점쟁이에게 그 땅을 점치게 했더니 가히 절을 세울 만한 자리였다.

서울로 돌아온 충원공은 이 사실을 왕에게 아뢰었다. 그렇게 그곳에 세운 절이 영취사다.

문수사 석탑의 영검

어느 일관이 터를 구하러 다니던 차에 이곳으로 와 말하기를, 이 뜰
가운데는 탑을 세울 자리가 아닌데 어찌하여 동쪽으로 옮기지 않았
는지 모르겠다고 했다. 그러자 승려들이 깨닫고 다시 예전에 있던 자
리로 옮겼다.

_권 3 탑상, 오대산(五臺山) 문수사(文殊寺) 석탑기(石塔記)

절의 뜰 언저리에 있는 석탑은 대개 신라 사람이 세운 것
이다. 그 제작 기법은 순박하여 비록 정교하지는 못하지만, 자못
영검(사람의 기도에 대한 신불의 영묘한 감응)이 들어 있는데 이루 다
기록할 수는 없다. 그중에서 여러 노인에게 들은 한 가지만 기록
해둔다.

'옛날에 연곡현의 어떤 사람이 배를 타고 바다에서 물고기를 잡
고 있었다. 그때 문득 탑 하나가 배를 따라오고 있었다. 그 그림자
를 본 물고기들은 모두 흩어져 달아났다. 이 때문에 어부는 고기

를 한 마리도 잡지 못했다. 어부는 분한 마음에 탑의 그림자를 따라 찾아가니 그와 똑같은 탑이 있었다. 그는 도끼를 휘둘러 그 탑을 찍고 가버렸다. 지금 이 탑의 네 귀퉁이가 모두 떨어진 것은 이 때문이다.'

나는 이 이야기를 듣자 놀라고 경탄해 마지않았다. 그런데 그 탑의 위치가 중앙에 있지 않고 뜰의 동쪽으로 약간 치우쳐 있는 것이 이상했다. 그래서 현판을 보니 이렇게 씌어 있었다.

'일찍이 승려 처현(處玄)이 이 절에 있으면서 탑을 뜰 가운데로 옮겼다. 그랬더니 그 후 이십여 년 동안은 잠잠하게 아무 영검이 없었다. 어느 일관이 터를 구하러 다니던 차에 이곳으로 와 말하기를, 이 뜰 가운데는 탑을 세울 자리가 아닌데 어찌하여 동쪽으로 옮기지 않았는지 모르겠다고 했다. 그러자 승려들이 깨닫고 다시 예전에 있던 자리로 옮겨놓았는데, 그것이 지금의 자리이다.'

나는 괴이한 것을 좋아하는 사람은 아니지만 부처의 위대한 신력이 그 자취를 나타내어 만물을 이롭게 함이 이처럼 빠른 것을 보고 놀랐다. 그러니 어찌 불자로서 입 다물고 말하지 않을 수 있겠는가.

1156년 10월, 백운자(白雲子, 일연의 제자) 씀

344